모든 언어에는 일정한 패턴이 있다

언어의 속도에 다다를 때까지
쓰고 읽는 반복이 필요하다

다른 나라 말을 배운다는 것은
사실 통역과 번역을 배우는 것이다.

영어는 세계에서 가장 쉬운 언어이다

생활국어 영어로 말하기

Copyright 2010. 유현철, 허영란

Printed in 2010 by Music Thyme Company

지은이 유현철, 허영란

펴낸 곳 출판사 음악의 향기

컴퓨터 인쇄 및 제본 광동문화사

표지 디자인 삼원기획

재판 2019년 1월 2일

주소 ; 서울 영등포구 당산동1가 41-3 제2건물 3층

대표전화 0502-111-2020

등록일 2018년 8월 1일

등록번호 제 2018-000096

e-mail ; popjazzpiano@hanmail.net,

hpenglish@naver.com

ISBN 978-89-94182-01-8 13740

값 **12,000**원

생활국어 영어로 말하기

저자 유현철, 허영란

글쓴이의 말 1.

영어는 전 세계에서 가장 쉬운 언어이다. 설령 영국과 미국이 많은 나라를 지배하고 영향을 끼쳐서 영어가 만국어가 되었다 하더라도 배우기 어려운 언어였다면 지금처럼 세계 공용어가 되지는 못하였을 것이라 생각한다. 문장을 구성하는 방식이 매우 규칙적이고 일관성이 있으며 정확한 표현이라는 것을 영어 공부하면서 발견할 수 있다.

우리나라 사람들이 오랜 시간 영어공부에 시간을 투자하고도 영어를 못하는 것은 문법과 입시 위주의 주입식, 객관식 영어 공부에 있다. 스스로 작문을 하고 말을 할 수 있는 회화 위주의 공부였다면 말도 하고 독해와 작문도 하는 영어를 구사할 수 있었을 것이다. 그러나 현재와 같은 교과과정과 교과서 그리고 회화나 영작이 가능하지 못한 영어선생님 특히 그렇게 배운 선생님들이 제자들을 가르치고 있는 한 같은 과오가 계속 되풀이 될 것으로 보인다.

그러한 문제점을 인식하였기 때문에 요즈음은 원어민 선생 즉 영어를 국어로 구사하는 나라의 사람들이 와서 영어 교육에 일조를 하고 있지만 그들은 한국어를 못하기 때문에 이해할 수 있도록 설명하는 데 있어서 매우 부족하다. 또 무조건 원어민이 가르치면 영어 교육의 효과가 있다고 단정하는 것은 매우 짧은 생각이다. 원어민이 가르치면 더욱 효과가 많은 이유가 무엇 때문인지의 진지한 논의를 한다면 보다 과학적인 교재와 커리큘럼이 만들어 질 것이다.

모국어를 배우는 과정을 잘 살펴보면 사실 답을 찾을 수 있다. 모국어는 먼저 말을 배우지 글을 배우지 않는다. 당연히 문법을 가르치면서 말을 가르치는 부모는 없다. 부모 자신도 문법을 잘 모르지 않는가. 그러므로 영어를 배우는데 있어 가장 중요한 것은 쉬운 말이라도 완벽하게 구사하는 것을 먼저 하고 그 다음 말을 할 수 있고 표현력을 증가할 수 있는 확장의 개념으로 발전시켜 나가야 한다. 또 하나는 먼저 한국어를 배우고 그 다음 영어를 배우는 것이므로 엄밀히 말하면 영어를 배우는 것이 아니라 한국어를 영어로 통역하고 번역하는 방법을 배운다고 할 수 있다 혹은 영어를 한국어로 통역하고 번역하는 것 두 가지 모두에 해당한다. 언어 자체를 배우는 것이 아니라 상대방의 언어로 쌍방 번역과 통역을 배운다고 가정하면 필요한 교과과정과 단계, 내용, 접근 방법이 완전히 달라진다.

그래서 새롭게 주장하고자 하는 것과 이미 집필한 영어책에서 밝히고 있는 중요한 영어의 특징은 영어가 단어를 나열하는 순서와 단어의 위치에 따라 의미가 달라지는 것에 기초하였으며 동사를 표현하는 시제가 영어와 우리말의 차이가 있다는 것에 중점을 두고 제작하였다는 것이다. 이 책도 마찬가지로 이러한 점에 기초를 두고 제작된 생활에 필요한 영어 공부를 위한 책이다.

문장을 만드는 훈련을 위해서 한글 표현을 먼저하고 영어 문장을 표시하였으며 단어를 나열하는 Pattern과 동사의 시제를 파악할 수 있도록 표시하고 편집하였다. 같은 Pattern을 인식하게 하기 위해 비슷한 동사끼리 묶어 놓았으므로 하나를 완벽히 익히면 10개 이상을 깨달을 수 있을 것이다.

생활영어를 배운다고 하면 의례 장소 중심의 단위로 엮는데 이 또한 약간 넌센스다. 해당하는 장소에 가서 책을 찾으라는 의미이지만 자칫 같은 말, 유사한 말이 장소가 다르다고 해서 따로 배운다면 하나를 알면 열을 깨우치지는 못하게 된다. 단지 동사가 다르다고 해서 같은 패턴의 문장을 구사하지 못한다면 교육 방법이 잘못된 것이다.

또 하나의 문제점 중 하나는 한국어는 존칭어가 있다는 점이다. 존칭어는 표현에 있어 단순하지가 않다. 영어로는 같은 의미임에도 불구하고 한국어로 다양하게 표현되는 것이 많다. 우리가 교과서나 영어 교재, 참고서, 회화책에 표현되어 있는 영어의 문장은 맞지만 거기에 표현되어 있는 한국어는 정작 우리가 평소에 사용하지 않는 문장들이 많다. 그래서 같은 표현이라도 조금만 바꾸면 영어의 문장이 떠오르지 않는 경우가 많고 이미 배운 말이라도 필요할 때 떠오르지 않는 것은 그 때문이다. 그래서 책 제목도 '생활국어를 영어로 말하기'로 정하였다. 가능하면 읽는 것만으로도 스스로 익히고 깨달을 수 있도록 구성하였다. 물론 그렇다고 회화를 할 수 있는 것은 아니다. 아무리 영작을 잘해도 회화의 속도로 영작을 해야 되는 것이다. 그러므로 이해가 완전한 것으로 그치지 말고 10번 이상 계속 오로지 읽는 것만으로도 아마 저절로 회화가 되기 시작될 것으로 확신한다.

이해를 하는 것은 처음 지식을 받아드릴 때 도움을 주는 것이고 영어 실력은 패턴 인식과 함께 빠른 언어적 구사에 있다. 언어학자에 따르면 모국어를 구사하기 위해 40,000번에서 50,000번의 같은 패턴 문장의 반복이 필요하다고 한다. 무조건 소리 내어 읽을 수 있도록 가급적 설명이 줄이고 같은 패턴의 문장으로 배열하였다.

처음 책에 대한 아이디어를 내고 실제 집필하기까지 믿고 따라와 주고 자료를 수집하며 거의 1년 동안 고생하였던 공동 저자에 노고를 치하하며 자신의 공부 방법 중 발견된 좋은 방법론이 타인에게 유익한 영향을 끼칠 것이라는 마음으로 또 하나의 영어책을 펴낸다.

2010년 5월 28일

저자 유현철

글쓴이의 말 2.

　요즘은 초등학교 3학년 때부터 교과서를 통해 영어를 배우고 있듯이, 영어에 대한 필요성이 더욱 더 강조되고 있는 시대이다. 단순히 단어를 암기하고 기계적으로 문법만을 습득 하는 게 아니라 실생활에서 자주 쓰이는 생활영어 표현을 듣고, 이해한 후, 읽고 자연스럽게 말할 수 있도록 하는 게 아주 중요한 때이다. 그래서 어린 유아 때부터 영어학원이나 개인과외를 시키며 많은 시간과 노력을 기울이고 있는 게 우리의 현실이다. 이제 더 이상 영어는 취미로 하거나 그 업계에서만 필요로 하는 특수 언어가 아닌 반드시 알아야 할 필수품인 것이다.

　필자도 역시 토익, 토플, 영어회화를 공부하기 위해 수많은 책을 접하며 오랜 기간 동안 노력하고 투자해 왔다. 영어에 대한 관심과 흥미가 일차적인 것이었지만 결정적인 이유는 영어를 제대로 알고 자연스럽게 말할 수 있었으면 하는 이유에서였다. 독자들도 필자처럼 영어를 잘하기 위해 문법책이나 영어회화 책 한 두 권쯤 구입해 보지 않은 사람이 거의 없으리라 생각된다. 하지만 이러한 책을 구입 할 때 대부분 제목이 주는 강한 느낌, 화려하고 예쁜 겉표지, 유명인이 쓴 것, '이것만 하면 된다.', '단기간만 하면 귀가 뚫리고 말이 트인다.'는 식의 광고에 이끌려 사는 경우가 많이 있다. 하지만 처음에 가졌던 열정적인 마음처럼 꾸준히 공부하지 못하고 얼마 지나지 않아 금방 포기했던 경험을 많이 했을 것이다. 필자도 영어를 공부하는 초기에는 그러한 순간이 있었지만 거기에서 멈추지 않고 지속적으로 공부해 왔기에 지금의 이 자리에 있지 않나 하는 생각을 해본다.

　영어회화를 공부하는데 좀 더 과학적이고 체계적인 방법론이 무엇일까 고민하던 중 음악의 향기 출판사 대표이자 이 책의 공동 저자이신 유현철 선생님을 만나 〈Heuristic English〉 스스로 깨우치는 학습 방식 연구에

참여하게 되었다. 그리고 이 교재로 현장에서 강의를 해보니 우리가 개발한 학습방법의 효과가 놀랍게도 직접 눈으로 드러났다. 이에 강한 자신감을 얻어, 영어에 관심은 있지만 잘 못하거나 혹은 자연스러운 영어회화를 하고자 하는 더 많은 사람들을 위해 겉은 소박하지만 알짜배기 회화책을 써야겠다는 생각을 품고 이 책을 집필하게 되었다.

영어회화의 목적은 정확한 의사 전달이다. 아무리 유창한 발음과 난해한 영어단어를 사용하여 말을 한다 해도 내가 전하고자 하는 내용을 상대방이 알아듣지 못하고 전혀 이해하지 못했다면 실패한 대화인 것이다. 그러면 한국어처럼 자연스럽고 정확하게 의사전달을 하기 위해 우리는 어떠한 방법으로 영어회화를 공부해야 할까? 그것은 바로 정확한 동사 시제 사용이다. 흔히 사람들은 영어단어를 많이 아는 것이 최고라고 생각하지만 시제를 정확하게 알지 못하면 아무리 풍부한 영어단어를 구사해도 내가 의도했던 것과는 달리 전혀 다른 표현이 되고 만다. 또, 우리가 영어로 말을 하고자 할 때 주어는 바로 떠오르는데 동사는 적절한 시제를 적용해야 하기 때문에 말로 잘 나오지 않는 것이 당연하다.

이 책을 접하는 독자들이 필자의 영어 학습 방식을 제대로 이해하고 습득하여 영어로 자연스럽게 의사 전달을 할 수 있었으면 하는 바람이다. 미흡하지만 이 책을 집필하도록 격려해 주신 음악의 향기 출판사 대표 유현철 님에게 진심으로 감사를 드린다.

2010년 5월 28일

저자 허영란

이 책을 공부하는 방법

영어 공부에 도움을 주기 위해서 아래와 같이 일정하게 표시된 것들이 있습니다. 이 점을 고려해서 읽으면 문장의 구조를 이해하는데 도움이 될 것입니다.

- 아 래 -

1. 문장의 형식에 대한 표시

    문장의 오른쪽 끝에 영어의 형식(Pattern)을 숫자로 표시하였습니다. 형식은 영어 단어를 나열하는 순서를 의미합니다. 그러므로 여기에 해당하지 않는 단어는 전부 이 뒤에 위치하는 것입니다.

    1형식 (Pattern #1) **S + V**
    　　　　주어 + 동사
    　　　　　　(*목적어가 필요 없는 동사 즉 자동사)
    2형식 (Pattern #2) **S + V + C**
    　　　　주어 + 동사 + 보어 (주어에 대한 설명)
    3형식 (Pattern #3) **S + V + O**
    　　　　주어 + 동사 + 목적어 (동사의 목적어)
    　　　　　　(*타동사는 항상 목적어가 필요하므로)
    4형식 (Pattern #4) **S + V + O + O**
    　　　　주어 + 동사 + 목적어1 + 목적어2
    5형식 (Pattern #5) **S + V + O + C**
    　　　　주어 + 동사 + 목적어 + 목적보어
    　　　　　　　　　(목적어에 대한 설명)

영어는 조사가 없기 때문에 각각의 단어가 위치하는 곳에 따라 의미가 부여됩니다. 위치에 따라 동사가 명사가 되기도 합니다. 모든 알파벳 언어는 순서와 위치의 언어입니다. 영작을 하지 못하는 이유도 문장의 어떤 위치에 단어를 둘 지 모르기 때문입니다. 그러므로 형식은 매우 중요한 위치에 대한 최소한의 일관성(패턴)입니다. 'I love you'를 'You love I'로(물론 You love me'라고 해야 하지만)로 하면 정반대의 뜻이 됩니다. 또 여기서 동사는 'love'이지만 이 단어가 처음으로 가면 명사가 됩니다. '

'Love is beautiful'에서 'love'는 명사입니다. 그렇다면 명사와 동사를 어떻게 구분하지요? 위치를 보고 파악하는 것입니다. 그러니까 영어 단어를 적당히 나열하면 미국 사람들이 알아들을 수 있다는 것은 완전히 넌센스이며 동시에 자칫 오해를 살 수 있는 표현이 될 수도 있다는 것입니다. 우리말은 조사 때문에 단어를 나열하는 순서와 관계가 없지만 영어는 그렇지 못하기 때문에 뒤죽박죽으로 단어를 나열하거나 우리말처럼 나열하면 전혀 뜻이 통하지 않는 것은 각각의 명사, 동사, 심지어는 형용사 중 어떤 품사로 구분할 수 없기 때문입니다.

그렇지만 필자가 주장하는 형식의 구성은 기존 문법책에서 주장하는 바와 약간 다릅니다. 그것은 필자의 방식이 영어를 이해하는데 훨씬 더 편리하고 일관성이 있기 때문입니다. 다른 책과의 혼돈을 잘 감안해서 선택하여 해석하고 학습에 이용하기 바랍니다.

2. **전치사를 포함하여 동사로 보는 것이 우리말과 일치한다.**

동사의 범위를 넓게 해석하여 전치사를 동사의 범주에 포함하였습니다. 이렇게 인식하고 기억을 해야 그 다음에 사용하기 편합니다. 영작을 할 때 전치사를 어떻게 사용할 지 헷갈리지 않도록 아예 동사를 공부할 때 같이 기억하고 외우며 습관화 시키는 것이 좋습니다.

현재진행, 과거진행의 경우 be 동사도 동사의 범위에 포함하였습니다. 그렇지 않으면 진행형으로 한다고 하여 형식이 1형식에서 2형식으로 바뀐다고 해석하면 너무 혼란스럽습니다.

예를 들어 I go를 현재진행으로 바꾸면 I am going으로 바뀌는데 그렇다고 2형식이라고 할 수 없다는 것이지요. 그래서 넓은 의미로 am going은 go의 현재진행형으로 표현한 1형식이라고 한 것입니다.

3. **조동사도 동사의 일부분이다.**

   조동사 can, may, will, do, 등도 전부 동사의 범주에 표현하였습니다. 말 그대로 조동사는 동사를 돕기 위한 것입니다. 그러므로 우리말과 견주어 보아도 동사의 확장으로 보아야 합니다.

   당연히 현재완료, 과거완료에 사용하는 have, had도 동사의 범위에 포함하였습니다.

4. **부정을 의미하는 부사도 동사와 같이 구사할 줄 알아야 한다.**

   부정으로 사용되는 not, never, no도 동사의 범위에 포함하였습니다. 영어회화를 할 때 의외로 부정의 표현을 틀리게 하는 사람들이 많습니다. 그래서 아예 공부할 때부터 습관적으로 부정을 표시하는 부사도 동사에 포함하여 익히도록 한 것입니다.

5. **동사는 굵게 하고 눕혔으며 농도를 다르게 표시**

   동사의 부분에 대한 이해를 정확히 하기 위해 굵고 옆으로 누인 글씨체를 사용하였고 농도도 다르게 표현하였습니다. 우리말의 동사 시제와 영어의 동사 시제가 반드시 일치하는 것은 아니므로 의식적으로 보기 바랍니다. 특히 현재완료나 과거완료의 표현은 우리나라 말에 존재하지 않는 시제입니다. 특히 우리말을 영어로 영작하거나 번역할 때 언제 현재완료나 과거완료가 사용되는지 주의 깊게 공부하기 바랍니다.

6. 가급적 설명은 최소화

　　설명을 최소화하기 위해 한번 주석을 달은 것에 대한 비슷한 표현은 다시 해설을 달지 않았습니다. 이해를 하는 것보다 더 중요한 것은 비슷한 패턴을 인식하는 것이기 때문입니다. 그러므로 예문보다 더 좋은 공부 방법은 없습니다. 만일 더 공부를 하고 싶다면 같은 문장을 갖고 주어를 바꾸어 말해 보는 연습을 해 보기 바랍니다. 영어에서는 주어에 따라 be동사나 조동사가 변하기 때문에 매우 좋은 연습이 될 것입니다. 회화의 속도가 나올 때까지 바꾸는 연습을 글로 먼저 쓰고 말로 하기 바랍니다.

7. 이해하는 것보다 많이 읽는 것이 더 중요

　　사실 위에서 열거한 것이 아무리 중요하다 하여도 어쩌면 많이 읽는 것보다 더 중요할 수 없습니다. 어린 아이들이 영어를 어른보다 잘 하고 쉽게 배우는 이유를 보면 알 수 있습니다. 6~7살 어린이에게 문법이나 시제를 설명할 수는 없습니다. 그럼에도 그들이 쉽게 영어를 말하는 것은 말 그대로를 받아들이고 익히고 다시 사용할 줄 알기 때문입니다. 즉 패턴을 완벽하게 인식한 다는 것이고 이는 주어를 바꾸고 명사를 바꾸어 사용할 줄 안다는 것입니다.

　　이를 확장하면 동사도 바꾸고 시제를 바꿀 줄도 안다는 것입니다. 이 모든 과정들이 남이 가르쳐주어 아는 것보다 스스로 깨우치고 이해하는 것이 최고로 좋습니다. 그러기 위해서 많이 읽는 것이 더욱 중요한 것입니다.

　　어른들은 자꾸 이해하려고 하기 때문에 오히려 학습의 속도가 늦을 수 있습니다. 이해를 하지 못하면 받아들이려고 하지도 않습니다. 이 문제가 오히려 외국어를 배울 때 장애가 되는 것일 수도 있습니다. 그러므로 이해가 되지 않는다고 포기하지 말고 자꾸 반복해서 읽으면 오히려 하나 하나 꼼꼼하게 이해하고 공부하는 사람보다 더 영어를 잘 할 수 있습니다. 외국어를 배운다는 것은 다른 학문을 배우는 것과 방법론이 다른 것입니다.

8. 타동사와 자동사에 대한 구별이 필요

자동사는 목적어가 요구되지 않는 동사, 타동사는 목적어를 요구하는 동사입니다. 이는 매우 중요한 의미를 갖습니다. 만일 어떤 동사가 자동사만 있고 타동사가 없다면 당연히 목적어를 타동사 뒤에 놓으면 잘못된 사용입니다. 반대로 타동사만 있고 자동사가 없는 동사라면 타동사의 뒤에 반드시 목적어가 위치하여야 합니다. 그러므로 사전을 찾을 때 동사의 뒤에 위치하는 목적어를 보고 자동사인지 타동사인지 구별하여 사전에서 해당하는 의미를 찾아야 하는 것입니다.

물론 자동사 + 전치사는 타동사로 사용되는 경우이므로 타동사로 보아야 하며 사전을 찾을 때도 동사 + 전치사를 찾아야 정확한 해석을 할 수 있습니다. 특히 주의할 점은 어떤 단어는 명사, 자동사, 타동사, 형용사 모두 사용하는 경우도 있습니다. 당연히 위치에 따라 품사가 달리 사용되는 것입니다. 품사를 정의할 줄 모르면 사전을 찾는 것도 제대로 할 수 없는 것입니다. 품사를 결정한다는 것은 이처럼 아주 중요한 의미를 갖습니다.

9. 영어 사전을 항상 찾아 보아야 하는 중요한 3가지 이유

첫째, 품사에 따른 정확한 뜻을 찾아야 하기 때문입니다. 정확한 뜻을 찾아 이해하고 사용하여야 영어 실력이 증진될 수 있습니다.

둘째, 발음 기호를 보고 정확한 발음을 내는 연습이 필요합니다. 특히 다른 발음은 다소 틀리더라도 알아 들을 수 있다지만 액센트는 틀리면 절대로 알아들을 수 없습니다. 그러므로 액센트를 정확히 발음하는 연습을 해서 평소에 정확한 액센트를 구사하여야 합니다. 가끔 한국 사람 중에서 유명한 정치인이 다소 불안하고 정확한 것 같지 않은 영어 발음에도 불구하고 유창한 영어를 구사한다고 칭찬하는 이유는 액센트가 정확하기 때문입니다.

셋째, 사전에 나오는 예문을 항상 잘 읽어 보는 것이 좋습니다. 공부할 때 10마디 설명보다 하나의 예문이 훨씬 이해가 잘 될 경우가 많을 뿐더러 예문을 보면 어떻게 단어를 활용할 줄 알기 때문에 매우 유용합니다. 문법을 모르는 어린 아이라도 예문만 보면 문장을 만들 수 있게 됩니다. 우리가 말을 할 줄 안다는 것도 사실은 문장을 만들 줄 안다는 것입니다. 예문을 주의해서 읽는 것이 영어 실력을 증진 시키는데 더할 나위 없이 좋습니다.

이 때 한가지 더 신경 써야 할 대목은 문장을 읽을 때 가급적이면 단어가 바뀔 때마다 음악처럼 높고 낮음의 톤을 바꾸라는 것입니다. 영어는 조사가 없기 때문에 한국어처럼 평평하게 말을 하면 한 단어인지 두 단어인지 구별하기가 힘듭니다. 그래서 단어를 구별하기 위해 노래하듯 높고 낮음을 바꾸어야 합니다. 한국 교포들의 발음이 원어민처럼 들리는 이유도 액센트의 정확함과 함께 단어가 바뀔 때마다 높고 낮음의 흐름이 있기 때문입니다. 미국사람처럼 발음하고 싶다면 액센트와 높고 낮음을 신경 써서 읽는 연습을 하면 됩니다.

더불어 빨리 읽는 연습도 필요합니다. 영어의 매력은 빨리 말하는 데 있습니다. 특히 미국 사람들 그 중에서도 캘리포니아 사람들은 매우 빠르게 말합니다. 여러분이 빠른 말을 알아 듣기 원한다면 빨리 말할 수도 있어야 합니다. 빨리 말할 수 있다면 알아들을 수도 있게 됩니다.

10. 2개 이상의 문장은 문장이 바뀔 때마다 줄을 바꾸어 표시

문장이 긴 것은 대개 여러 개의 문장으로 묶어져 있을 가능성이 큽니다. 단문장(1개의 문장) 영어를 구사할 수 있다면 그 다음 과정이 복문장(2개 이상의 문장)을 만들 수 있게 하는 것입니다. 2개 이상의 문장을 묶어서 말할 수 있다면 회화는 거의 문제가 없을 것입니다. 이렇게 2 문장 이상을 구사하는 능력을 증진시키기 위해 2 문장 이상으로 구성된 문장은 문장마다 줄을 바꾸어 표시하였습니다.

어떤 방법으로 2 문장을 엮는 지 잘 살펴보면 그다지 어렵지 않음을 발견할 수 있을 것입니다. 즉 문법적으로 말하면 접속사, 관계대명사, 조건 절, 종속절 등을 이해할 수 있다는 뜻입니다. 해석을 할 때도 각각의 문장을 구분할 줄 알고 문장이 어떤 방법으로 연결되어 있는 줄 안다면 완벽한 해석이 가능할 것입니다. 문법에서는 문장을 '절'이라고 표현하고 있음을 참고하기 바랍니다.

생활국어 영어로 말하기

목차

Chapter 1 '보는 것'에 관한 표현　　　　　　　　　　25
　　　　(find, look, see, show, watch)
　1.1 동사가 사용된 단문장 표현　　　　　　　　　　27
　　1.1.1 동사가 사용된 현재 시제의 문장　　　　　　28
　　1.1.2 동사가 사용된 현재진행 시제의 문장　　　　30
　　1.1.3 동사가 사용된 과거 및 과거진행 시제의 문장　　30
　　1.1.4 동사가 사용된 현재완료 및 과거완료 시제의 문장　　31
　　1.1.5 동사가 사용된 미래 및 미래진행 시제의 문장　　31
　1.2 동사가 사용된 복문장(2개 이상의 문장) 표현　　32
　1.3 조동사가 사용된 문장　　　　　　　　　　　　33
　1.4 동사가 사용된 의문문 문장　　　　　　　　　　34

Chapter 2. '말하는 것'과 관계되는 표현　　　　　37
　　　　(chat, say, tell, talk, speak, call, page, mention,
　　　　discuss, complain, sound, cheer, rap, explain,
　　　　address, praise)
　2.1 동사가 사용된 단문장 표현　　　　　　　　　　39
　　2.1.1 동사가 사용된 현재 시제의 문장　　　　　　41
　　2.1.2 동사가 사용된 현재진행 시제의 문장　　　　42
　　2.1.3 동사가 사용된 과거 및 과거진행 시제의 문장　　43
　　2.1.4 동사가 사용된 현재완료 및 과거완료 시제의 문장　　43
　　2.1.5 동사가 사용된 미래 및 미래진행 시제의 문장　　43
　2.2 동사가 사용된 복문장(2개 이상의 문장) 표현　　44
　2.3 조동사가 사용된 문장　　　　　　　　　　　　44
　2.4 동사가 사용된 의문문 문장　　　　　　　　　　45

Chapter 3. '행동'에 관한 표현   49
(come, go, jump, run, leave, turn, return, slip, sit, stand, pass, pick, follow, move, visit, travel, trip, drop, drive, pull, push, reach)

  3.1 동사가 사용된 단문장 표현   51
    3.1.1 동사가 사용된 현재 시제의 문장   54
    3.1.2 동사가 사용된 현재진행 시제의 문장   55
    3.1.3 동사가 사용된 과거 및 과거진행 시제의 문장   55
    3.1.4 동사가 사용된 현재완료 및 과거완료 시제의 문장   56
    3.1.5 동사가 사용된 미래 및 미래진행 시제의 문장   57
  3.2 동사가 사용된 복문장(2개 이상의 문장) 표현   59
  3.3 조동사가 사용된 문장   59
  3.4 동사가 사용된 의문문 문장   60

Chapter 4. '생각에 관한 표현'   67
(think, forget, understand, remember, trust, believe, wish, worry, wonder, read, write, dream, encourage, encourage, envy, excuse, forgive, recognize, agree, sign, type, update, use, expect)

  4.1 동사가 사용된 단문장 표현   69
    4.1.1 동사가 사용된 현재 시제의 문장   72
    4.1.2 동사가 사용된 현재진행 시제의 문장   73
    4.1.3 동사가 사용된 과거 및 과거진행 시제의 문장   73
    4.1.4 동사가 사용된 현재완료 및 과거완료 시제의 문장   74
    4.1.5 동사가 사용된 미래 및 미래진행 시제의 문장   74
  4.2 동사가 사용된 복문장(2개 이상의 문장) 표현   75
  4.3 조동사가 사용된 문장   83
  4.4 동사가 사용된 의문문 문장   85

Chapter 5. '묻고 답하는 것'에 관한 표현   89
(answer, ask, accept, avoid, afford, teach, learn, know, argue, guess, mail, marry, mean, mind, name, order, owe, regard, study, want)

  5.1 동사가 사용된 단문장 표현   91
    5.1.1 동사가 사용된 현재 시제의 문장   93
    5.1.2 동사가 사용된 현재진행 시제의 문장   95
    5.1.3 동사가 사용된 과거 및 과거진행 시제의 문장   95
    5.1.4 동사가 사용된 현재완료 및 과거완료 시제의 문장   96
    5.1.5 동사가 사용된 미래 및 미래진행 시제의 문장   97
  5.2 동사가 사용된 복문장(2개 이상의 문장) 표현   97
  5.3 조동사가 사용된 문장   100
  5.4 동사가 사용된 의문문 문장   100

Chapter 6. '시작하고 마치는 것'에 관한 표현   107
(begin, finish, start, stop, stay, wait, open, close, hurry, lock, lose, miss, park, quit)

  6.1 동사가 사용된 단문장 표현   109
    6.1.1 동사가 사용된 현재 시제의 문장   111
    6.1.2 동사가 사용된 현재진행 시제의 문장   112
    6.1.3 동사가 사용된 과거 및 과거진행 시제의 문장   112
    6.1.4 동사가 사용된 현재완료 및 과거완료 시제의 문장   113
    6.1.5 동사가 사용된 미래 및 미래진행 시제의 문장   114
  6.2 동사가 사용된 복문장(2개 이상의 문장) 표현   114
  6.3 조동사가 사용된 문장   115
  6.4 동사가 사용된 의문문 문장   116

Chapter 7 '사고 파는 것'에 관한 표현   117
(buy, sell, borrow, lend, change, charge, check, choose, need, pay)

   7.1 동사가 사용된 단문장 표현   119
     7.1.1 동사가 사용된 현재 시제의 문장   120
     7.1.2 동사가 사용된 현재진행 시제의 문장   122
     7.1.3 동사가 사용된 과거 및 과거진행 시제의 문장   122
     7.1.4 동사가 사용된 현재완료 및 과거완료 시제의 문장   123
     7.1.5 동사가 사용된 미래 및 미래진행 시제의 문장   123
   7.2 동사가 사용된 복문장(2개 이상의 문장) 표현   124
   7.3 조동사가 사용된 문장   125
   7.4 동사가 사용된 의문문 문장   125

Chapter 8 '먹는 것'에 관한 표현   127
(drink, eat, cook, smoke, smell, taste, feed)

   8.1 동사가 사용된 단문장 표현   129
     8.1.1 동사가 사용된 현재 시제의 문장   130
     8.1.2 동사가 사용된 현재진행 시제의 문장   131
     8.1.3 동사가 사용된 과거 및 과거진행 시제의 문장   131
     8.1.4 동사가 사용된 현재완료 및 과거완료 시제의 문장   132
     8.1.5 동사가 사용된 미래 및 미래진행 시제의 문장   132
   8.2 동사가 사용된 복문장(2개 이상의 문장) 표현   133
   8.3 조동사가 사용된 문장   133
   8.4 동사가 사용된 의문문 문장   134

Chapter 9 '사람들과의 관계'에 관한 표현   137
(enjoy, play, like, love, prefer, hate, kiss, meet, laugh, smile, sing, cry, jog, win, touch, toss, beat, care, cut, hide, help, hit, join, hold, hurt, strike, clean, wash, become)

  9.1 동사가 사용된 단문장 표현   139
    9.1.1 동사가 사용된 현재 시제의 문장   143
    9.1.2 동사가 사용된 현재진행 시제의 문장   147
    9.1.3 동사가 사용된 과거 및 과거진행 시제의 문장   147
    9.1.4 동사가 사용된 현재완료 및 과거완료 시제의 문장   147
    9.1.5 동사가 사용된 미래 및 미래진행 시제의 문장   148
  9.2 동사가 사용된 복문장(2개 이상의 문장) 표현   148
  9.3 조동사가 사용된 문장   150
  9.4 동사가 사용된 의문문 문장   150

Chapter 10 '감성적인 것'에 관한 표현   157
(hear, listen, sleep, wake, dance, toss, twist, exercise, lay, ring, roll, rain, attend, bet, break, cancel, disturb, cause, fall, happen, save, spare, spend, try, wear)

  10.1 동사가 사용된 단문장 표현   159
    10.1.1 동사가 사용된 현재 시제의 문장   161
    10.1.2 동사가 사용된 현재진행 시제의 문장   164
    10.1.3 동사가 사용된 과거 및 과거진행 시제의 문장   165
    10.1.4 동사가 사용된 현재완료 및 과거완료 시제의 문장   165
    10.1.5 동사가 사용된 미래 및 미래진행 시제의 문장   166
  10.2 동사가 사용된 복문장(2개 이상의 문장) 표현   166
  10.3 조동사가 사용된 문장   167
  10.4 동사가 사용된 의문문 문장   167

Chapter 11 '다른 행동을 유발시키는 것'에 관한 표현   169
(make, let, have, get, take, give, set, put, hang, keep, seem)

  11.1 동사가 사용된 단문장 표현   171
    11.1.1 동사가 사용된 현재 시제의 문장   172
    11.1.2 동사가 사용된 현재진행 시제의 문장   190
    11.1.3 동사가 사용된 과거 및 과거진행 시제의 문장   191
    11.1.4 동사가 사용된 현재완료 및 과거완료 시제의 문장   191
    11.1.5 동사가 사용된 미래 및 미래진행 시제의 문장   193
  11.2 동사가 사용된 복문장(2개 이상의 문장) 표현   195
  11.3 조동사가 사용된 문장   197
  11.4 동사가 사용된 의문문 문장   199

Chapter 12 '기타 사회적인 것'에 관한 표현   207
(work, hire, hide, depend, live, die, promise, value, value)

  12.1 동사가 사용된 단문장 표현   209
    12.1.1 동사가 사용된 현재 시제의 문장   210
    12.1.2 동사가 사용된 현재진행 시제의 문장   211
    12.1.3 동사가 사용된 과거 및 과거진행 시제의 문장   211
    12.1.4 동사가 사용된 현재완료 및 과거완료 시제의 문장   212
    12.1.5 동사가 사용된 미래 및 미래진행 시제의 문장   212
  12.2 동사가 사용된 복문장(2개 이상의 문장) 표현   212
  12.3 조동사가 사용된 문장   213
  12.4 동사가 사용된 의문문 문장   213

Chapter 13 'Be'동사를 사용한 표현 — 215

  13.1 동사가 사용된 단문장 표현 — 217
   13.1.1 동사가 사용된 현재 시제의 문장 — 217
   13.1.2 동사가 사용된 현재진행 시제의 문장 — 237
   13.1.3 동사가 사용된 과거 및 과거진행 시제의 문장 — 237
   13.1.4 동사가 사용된 현재완료 및 과거완료 시제의 문장 — 240
   13.1.5 동사가 사용된 미래 및 미래진행 시제의 문장 — 240
  13.2 동사가 사용된 복문장(2개 이상의 문장) 표현 — 241
  13.3 조동사가 사용된 문장 — 247
  13.4 동사가 사용된 의문문 문장 — 249

부록1 복문장의 7가지 규칙
부록2 동사의 16가지 시제

Chapter 1.

'보는 것'에 대한 표현

Chapter 1. '보는 것'에 대한 표현

1.1 동사가 사용된 단문장 표현

see ; **(seeing, saw, seen)**
[자동사] 알다, 이해하다, 깨닫다
[타동사] 보다(저절로 눈에 띄는, 단순히 보이는), 만나다

look ; **(looking, looked, looked)**
[자동사] 보다, 찾아보다, see보다 길게 보는 것, 전치사 at,
   for, forward, from, after 등과 함께 다양한 의미로 사용
[타동사] 눈여겨보다, 주시하다

watch ; **(watching, watched, watched)**
[자동사] 지켜보다, 주시하다
[타동사] TV처럼 오래 보는 것, 주의해서 보는 등

find ; **(finding, found, found)**
[자동사] 찾아내다, 발견하다
[타동사] 찾다, 우연히 발견하다

show ; **(showing, showed, shown)**
[자동사] 보이다, 나타나다, 알려지다
[타동사] 보여주다, 나타내다

1.1.1 동사가 사용된 현재시제의 문장

주어	동사	보어 or 목적어	목적어 or 목적보어	P
차이를 모르겠어.				
I	**don't see**	any difference.		3
다음 주에 보자.				
	See	you	next week.	3
(* 주어 'I'가 생략된 것, 편지나 일기가 아니면 'I' 주어는 생략하지 않음)				
넌 한 송이 꽃처럼 보여.				
You	**look**	like a flower.		2
너 오늘 좋아 보이지 않는구나.				
You	**don't look**	good	today.	2
너 오늘 건강해 보이지 않네.				
You	**don't look**	healthy	today.	2
당신은 낮이 익으시군요.				
You	**look**	familiar.		2
오늘 당신 멋져 보여요.				
You	**look**	great	today.	2
넌 너의 엄마처럼 보이는구나.				
You	**look**	like your mother.		2
너 오늘 멋지게 입었는데.				
You	**look**	great dressed up	today.	2
당신은 나이보다 어려 보여요.				
You	**look**	so young	for your age.	2
엄마가 오늘은 행복해 보여요.				
My mother	**looks**	happy	today.	2
Jane이 오늘 아침 걱정이 있는 것처럼 보여.				
Jane	**looks**	worried	this morning.	2

David가 요즘 화난 거처럼 보이진 않아. David **doesn't look** upset these days.		2
그 사람 요즘 불행해 보이진 않아. He **doesn't look** unhappy these days.		2
그 여자는 실제 보니 젊어 보이네요. She **looks** younger in person.		2
David한테 선글라스가 잘 어울려. The sunglasses **look** good on David.		2
너한테 잘 어울려. It **looks** good on you.		2
그것들은 꽃처럼 아름답구나. They **look** beautiful like flowers.		2
나를 좀 봐 주세요. **Look at** me please. (* 주어 'You'가 생략된 것임, 명령문은 주어를 생략한다)		3
앞을 조심하세요. **Watch** your step. (* 만일 주어 'You'를 포함하면 강한 명령문이 된다.)		3
우리는 TV를 같이 봐요. We **watch** TV together.		3
우리들은 그것들이 피는 것을 봐. We **watch** them bloom.		5

1.1.2 동사가 사용된 현재진행 시제의 문장

주어	동사	보어 or 목적어	목적어 or 목적보어	P
점점 나아지고 있어요.					
Things	**are looking up.**			1
그냥 둘러보고 있는 중이에요.					
I	**am** just **looking around.**			1
(* ~ am looking around ; 주어를 'I'로 한 현재진행)					
(* ~ be look around ; 주위를 둘러보다)					
(* just 는 강조하고 싶은 동사의 현재분사인 looking 앞에 붙였음)					
이 셔츠에 어울릴 넥타이를 찾고 있습니다.					
I	**am looking for**	a tie	to go well with this shirt.	3
(* be look for – 전치사까지 포함해서 동사로 인식하는 것이 좋다)					
우리는 모여서 텔레비전을 볼 거야.					
We	**are watching**	TV	together.	3
(* 현재진행은 가끔 금방 할 예정의 표현에도 사용한다)					

1.1.3 동사가 사용된 과거 및 과거진행 시제의 문장

주어	동사	보어 or 목적어	목적어 or 목적보어	P
그 자식이 내 여자 친구와 키스하는 걸 봤어					
I	**saw**	the guy	kiss my girl friend.	5
네가 리사에게 작업 거는 거 봤어					
I	**saw**	you	flirting with Lisa.	5

내가 그 사람을 한 번 더 볼 수만 있다면.

| If only I | **could see** | him | one more time. | 3 |

(* 조동사 could를 포함해서 동사로 인식하는 것이 이해와 암기에 좋다)

Kate는 나타나지 않았어.

| Kate | **didn't show up.** | | | 1 |

(* 부정의 의미로 사용하는 did not, 그리고 전치사를 포함한 show up
   을 동사로 인식하는 것이 좋다)

1.1.4 동사가 사용된 현재완료 및 과거완료 시제의 문장

| 주어 | 동사 | 보어 or 목적어 | 목적어 or 목적보어 | P |

그 영화 벌써 봤어.

| I | **have** already **seen** | the movie. | | 3 |

(* 'I'를 주어로 하는 see의 현재완료의 표현)

나는 개가 춤추는 걸 한 번도 본 적이 없어.

| I | **have never seen** | him | dance. | 5 |

(* never를 포함한 현재완료의 부정형으로 동사를 인식하는 것이 좋다)

난 아직 내 짝을 못 찾았어.

| I | **haven't found** | Mr. Right yet. | | 3 |

1.1.5 동사가 사용된 미래 및 미래진행 시제의 문장

| 주어 | 동사 | 보어 or 목적어 | 목적어 or 목적보어 | P |

문까지 바래다 줄께.

| I | **will see** | you | to the door. | 3 |

네 짝을 금방 찾게 될 거야.

| You | **will find** | him | soon. | 3 |

1.2 동사가 사용된 복문장 (2개 이상으로 구성된 문장)

그가 그녀를 찾았을 때 그녀는 이미 다른 사람과 결혼해 있었어.	When he *found* her, she *had* already *been* married to other man.
그는 마치 앓는 것처럼 보여.	He *looks* as if he *was* ill.
그것은 지금이라도 과연 될 것 같아요.	It *looks* like, it *is going* to pop.
비가 올 것 같아.	It *looks* like it *is going* to rain.
Jane이 영어 성적을 잘 받았나 봐.	It *looks* like Jane *has got* a good grade in English.
Tom이 무척 배고픈 것 같아.	It *looks* like Tom *is* very hungry.
올해는 봄이 빨리 올 것 같습니다.	It *looks* like spring *is arriving* earlier this year.
그 집은 지금이라도 무너질 것 같다.	It *looks* like the house *is falling* apart.
걔네들이 숙제를 안 한 것 같아요.	It *looks* like they *didn't do* their homework.
너희들 크게 싸운 모양이구나.	It *looks* like you *had* a big fight.
그녀는 나를 보자마자 미소 지었다.	As soon as she *saw* me, she *began* to smile.
약속을 해야지만 사장님을 만날 수 있습니다.	You can *see* the president only when you *have* an appointment.

사돈 남 말 하네.	**Look** who**'s talking.** (is talking – 말하고 있다는 의미의 현재진행)
그 여자는 나를 보자마자 미소를 지었다.	Hardly had she **seen** me when (before) she **began** to smile. (* 직역을 하면 '그 여자가 웃기 시작하기 전에 그녀는 나를 본 적이 거의 없었다' 이며 내용은 '그 여자는 나를 보자마자 웃었다'라고 사용됨) (* 원래는 ~ she had seen me ~ 이렇게 되어있는 문장에서 **had**를 she 앞으로 위치를 바꾸어 도치 시킨 것임) (* 뒤의 문장이 과거이므로 그 앞의 시점을 나타내기 위해 앞의 문장은 과거 완료로 표현함)
그 여자는 나를 보자마자 미소를 지었다.	No sooner had she **seen** me than she **began** to smile. (* 위의 설명과 같은 의미로 사용)
그 여자는 나를 보자마자 미소를 지었다.	Scarcely had she **seen** me when (before) she **began** to smile. (* 위의 설명과 같은 의미로 사용)

1.3 조동사가 사용된 문장

우리가 좀 더 좋은 장소를 찾아야 될 것 같아.	Maybe you **should find** a better Place.
당신은 언제나 저를 찾을 수가 있습니다.	You **can** always **find** me.
그럼요, 제가 구경시켜 드리지요.	Sure, I **can show** you around.

| 우리가 주말마다 축구경기를 봤으면 좋겠어. | We **should watch** a soccer game every weekend. |

1.4 동사가 사용된 의문문 문장

제가 어떻게 하면 그 가게를 찾을 수 있을까요?	How **can** I **find** the store?
반바지가 어디에 있지요?	Where **can** I **find** shorts?
자동차 열쇠를 어떻게 찾았니?	How **did** you **find** the car keys?
병원에 가 봤어?	**Did** you **see** a doctor?
오늘 사장님 보신 분 있어요?	**Is** there anyone who **saw** the president today? (* 2개의 문장으로 구성)
제가 Tom을 좀 뵐 수 있을까요?	Could I **see** Tom?
피카소 작품 중에서 '세 명의 무희'라는 그림 본적이 있으세요?	**Have** you ever **seen** Picasso's 'Three Dancers'?
오늘 혹시 용준 씨 봤어?	**Have** you **seen** Yongjun today?
너네 사귀니?	**Are** you **seeing** each other?
그 사람 만나는 사람 있니? 아니, 없는데요.	**Is** he **seeing** anybody? No, he isn't
지하철 역을 어떻게 하면 갈 수 있는지 가르쳐 주시겠어요?	**Would** you please **show** me, how to get to the subway station?
너 어제 밤에 텔레비전에서 뭘 보는 중이었니?	What **were** you **watching** on TV last night?
우리가 텔레비전에서 뭘 봐야 하나요?	What **should** we **watch** on TV?

평소에 TV를 많이 보시나요?	***Do*** you ever ***watch*** TV a lot?
너 영화 왜 안 보고 있니?	Why ***aren't*** you ***watching*** a movie?

Chapter 2.

'말로 하는 것'에 대한 표현

Chapter 2. '말로 하는 것'에 대한 표현

2.1 동사가 사용된 단문장 표현

chat ; **(chatting, chatted, chatted)**
[자동사] 잡담하다, 수다 떨다, (온라인에서) 대화하다
[타동사] 없음

say ; **(saying, said, said)**
[자동사] 말하다, 지껄이다,
[타동사] 말하다, 이야기하다, 알리다, 표현하다

tell ; **(telling, told, told)**
[자동사] 말하다, 밀고하다, 효력이 있다
[타동사] 말하다, (사실을)말하다

talk ; **(talking, talked, talked)**
[자동사] 말을 하다, (어떤 내용을 갖고) 이야기를 나누다
[타동사] 무엇에 대해 논하다, 말하다

speak ; **(speaking, spoke, spoken)**
[자동사] 말을 하다, 이야기를 하다
[타동사] (국어를)말하다, 연설하다, 전달하다
　　　연설하다, 말하다(오랜 시간 말하는 것)

call ; **(calling, called, called)**
[자동사] 울다, 울리다, 외치다
[타동사] 부르다, 외치다, 불러내다

page ; **(paging, paged, paged)**
[자동사] 페이지를 넘기다
[타동사] ~에 페이지를 메기다, (누군가를) 찾다, 호출하다

mention ; **(mentioning, mentioned, mentioned)**
[자동사] 없음
[타동사] 언급하다, 거론하다

discuss ; **(discussing, discussed, discussed)**
[자동사] 없음
[타동사] 논의하다, 토론하다, 검토하다

complain ; **(complaining, complained, complained)**
[자동사] 불평하다, 투덜거리다
[타동사] 없음

sound ; **(sounding, sounded, sounded)**
[자동사] 소리를 내다, 울리다
[타동사] 소리를 내다, 울리다, 신호하다

cheer ; **(cheering, cheered, cheered)**
[자동사] 함성을 지르다, 응원하다, 환호하다
[타동사] 기운을 돋우어 주다, 성원하다

rap ; **(rapping, rapped, rapped)**
[자동사] ~ out 따끔하게 말하다, 불쑥 내뱉다
[타동사] 톡톡 두드리다, 큰소리로 떠들다, 지껄이다, 혹평하다

explain ; **(explaining, explained, explained)**
[자동사] 설명하다, 분명히 하다
[타동사] 설명하다, 해명하다

address ; **(addressing, addressed, addressed)**
[자동사] 없음
[타동사] 말을 걸다, 연설하다, 호칭하다
    호칭하다, 부르다(사람의 이름을)
praise ; **(praising, praised, praised)**
[자동사] 없음
[타동사] 칭찬하다, 찬송하다, 찬미하다

2.1.1 동사가 사용된 현재시제의 문장

주어	동사	보어 or 목적어	목적어 or 목적보어	P
인터넷으로 친구랑 수다 떨어요.				
I	*chat*	on line with my friend.		1
그것이 모든 것을 말해줍니다.				
That	*says*	it	all really.	5
나에게 말해봐.				
	Tell	me	about it.	4
제발 아무한테도 말하지 말아줘.				
Please	*don't tell*	anyone.		3
나한테 말해봐.				
	Talk to	me.		3
제인은 중국어를 아주 잘해				
Jane	*speaks*	Chinese	very well.	3
우리는 그를 영화배우라고 불러요.				
We	*call*	him	a movie star.	5
의사선생님을 호출해 주세요.				
Please	*page*	a medical doctor.		3

천만에요.			
	Don't mention	it.	3

내 아내는 결코 불평하지 않습니다.

My wife	**never complains.**		1

넌 어쩜 그렇게 너의 아빠랑 목소리가 똑같니.

You	**sound**	just like your father.	2

엄마 목소리가 아픈 거 같은데.

My mom	**sounds**	sick.	2

그건 나한테 쉽게 들려요.

That	**sounds**	easy to me.	2

그거 좋은데. (상대방의 제안에 대해)

(That)	**Sounds**	great.	2

재미있을 거 같은데.

This	**sounds**	exciting.	2

힘내세요!

	Cheer up!		1

학생들이 길거리를 걸으면서 큰소리로 노래가사를 떠들었어요.

Students	**rapped out**	the words of song walking on the street.	3

아빠가 엄마의 요리를 칭찬하시는군요.

Father	**praises**	mom's cooking.	3

2.1.2 동사가 사용된 현재진행 시제의 문장

주어	동사	보어 or 목적어	목적어 or 목적보어	P

말을 제대로 하는구나.

You	**are telling**	me.		3

이제야 말이 통하는구나.
Now, you *are talking*. | 1

2.1.3 동사가 사용된 과거 및 과거진행 시제의 문장

| 주어 | 동사 | 보어 or 목적어 | 목적어 or 목적보어 | P |

작업이라구? 그냥 얘기한 거 뿐이야.
Flirting? I *was* just *talking*. | 1

2.1.4 동사가 사용된 현재완료 및 과거완료 시제의 문장

주어	동사	보어 or 목적어	목적어 or 목적보어	P
나라면 "안된다." 라고 했을 거야.				
I	*would have said* "No".			3
그 여자한테 조금 얘기해 줄 수도 있었어.				
I	*could have told*	her	a little.	3
난 이미 Ms. Kim과 얘기 끝냈어.				
I	*have* already *talked to* Ms. Kim.			3
넌 나한테 욕하지 말았어야지.				
You	*shouldn't have called* me names.			4

2.1.5 동사가 사용된 미래 및 미래진행 시제의 문장

주어	동사	보어 or 목적어	목적어 or 목적보어	P
병원에 가야겠어요.				
I	*will see*	a doctor.		3
오늘 밤에 그 축구 경기 TV로 꼭 볼 거야.				
I	*will be watching*	the soccer game	on TV tonight.	3

2.2 동사가 사용된 복문장(2개 이상으로 구성된 문장)

집에 도착하면 전화 한다고 그 여자한테 말해 주세요.	**Tell** her I **will call** her 　　when I **get** home.
그녀에게 7시쯤 들른다고 전해주세요.	**Tell** her I **will stop** by around 7.
제가 안부 전했다고 그 사람한테 말하세요.	**Tell** him I **said** hello.
제인한테 제가 티켓 샀다고 전해 주세요.	**Tell** Jane I **bought** a ticket for her.

2.3 조동사가 사용된 문장

이제까지 내가 본 거 중에서 정말 최고에요.	I **must say**, 　It **is** the best of 　　what I **have seen.**
글쎄 말이야. (내 말이~)	You **can say** that again.
나쁜 말은 하지 않는 게 좋겠어	You **shouldn't say** bad words.
그 사람 나름대로는 노력하지 않았다고 말할 순 없지.	You **can't say** 　he **didn't try.**
내가 노력하지 않았다고는 말 못하겠지.	You **can't say** 　I **didn't try.**
우리가 노력하지 않았다고 말할 순 없지요.	You **can't say** 　we **didn't try.**
그렇다고 말할 수 있지.	You **could say** that.
그래 보여.	I **can tell.**

그녀한테 네 기분이 어떤지 얘기하는 게 좋겠어.	You **should tell** her how you **feel.**
너 아버지랑 얘기해보는 게 좋을 것 같은데.	Maybe you **should talk** to your father.
도서관에서는 대화를 나누지 말아야 합니다.	You **shouldn't talk** in the library.
당신의 상사와 의논해 보시는 게 좋을 거 같습니다.	Maybe you **should discuss** it with your boss.

2.4 동사가 사용된 의문문 문장

내가 뭐라고 말할 수 있겠니?	What **can** I **say**?
너 그런 말을 왜 나한테 하는데?	Why **do** you **say** that **to** me?
왜 그런 말을 해?	Why **do** you **say** that?
그래서, 뭐라고 했지?	So, what **did** you **say**?
그가 새로 산 차에 대해서 나한테 말 해줄래?	**Can** you **tell** me **about** his new car?
그것에 대해서 나한테 말 해 줄 수 있겠어?	**Can** you **tell** me **about** it?
너 나한테 Tom의 아버지에 대해서 말해줄 수 있겠니?	**Can** you **tell** me **about** Tom's father?
우리 숙제에 대해 말해줄 수 있지?	**Can** you **tell** me **about** our homework?
네 가족에 대해서 말해줄 수 있겠니?	**Can** you **tell** me **about** your family?

당신의 아이디어에 대해서 말해 줄 수 있습니까?	***Can*** you ***tell*** me ***about*** your idea?
언제쯤 그 여자가 나한테 돌아오 게 될지 말해줄 수 있지?	***Can*** you ***tell*** me when she ***will come back to*** me?
시험을 어떻게 준비하는지 말해 줄 수 있으세요?	***Could*** you ***tell*** me how you ***prepare for*** this test?
당신이 이 프로젝트를 언제 끝낼 지 말해줄 수 있습니까?	***Could*** you ***tell*** me when you***'ll finish*** this project?
너 언제 점심 먹을지 말해줄래?	***Could*** you ***tell*** me when you***'ll have*** lunch?
어디서 그 정보를 알아내셨어요?	***Could*** you ***tell*** me where you ***got*** the information?
너 방금 Jane하고 내 얘기했지?	***Did*** you just ***talk about*** me with Jane?
너 팀장과 얘기해 본 적 있어?	***Have*** you ***talked to*** your boss yet?
너 어젯밤에 무슨 얘기를 하는 중이었니?	What ***were*** you ***talking about*** last night?
제가 얘기 좀 해도 될까?	***Can*** I ***talk to*** you?
내가 왜 너한테 말해야 되지?	Why ***should*** I ***talk*** to you?
Tom은 아버지랑 얼마나 자주 얘 기 나누니?	How often ***does*** Tom ***talk to*** his father?
우리가 왜 그 얘기를 해야만 하 지요?	Why ***should*** we ***talk about*** it?
우리 무슨 얘기를 나눠볼까?	What ***should*** we ***talk about***?
영어하고 불어 중 어느 말을 더 잘 하세요?	Which ***do*** you ***speak*** better, English or French?

왜 중국어로 우리가 말해야 되죠?	Why **should** we **speak** in Chinese?
영어 할 줄 아시지요, 그렇지 않으세요?	You **speak** English, **don't** you?
너 Jane한테 왜 전화했는데?	Why **did** you **call** Jane?
나중에 전화 줄래?	**Will** you **call** me back later?
제가 그 사람에게 전화를 해 볼까요?.	Why **don't** I **call** him up?
저한테 택시 불러 주실래요?	**Can** you **call** a taxi for me?
제가 먼저 전화해야 하나요?	**Should** I **call** him first?
넌 친구의 기분을 어떻게 띄어주니?	How **do** you **cheer up** a friend?
그녀에게 설명해 주실래요?	**Would** you **explain** it to her?

Chapter 3.

'행동'에 대한 표현

Chapter 3 '행동'에 관한 표현

3.1 동사가 사용된 단문장 표현

come ; **(coming, came, come)**
[자동사] 오다
[타동사] 다가가다, 해내다, ~인 체하다

go ; **(going, went, gone)**
[자동사] 가다
[타동사] 견디다, 내기를 걸다

jump ; **(jumping, jumped, jumped)**
[자동사] 뛰다, 도약하다
[타동사] 뛰어넘다, 탈선하다

run ; **(running, ran, run)**
[자동사] 달리다, 뛰다, 돌진하다
[타동사] 달리게 하다, 운전하다, 돌파하다

leave ; **(leaving, left, left)**
[자동사] 떠나다, 가버리다
[타동사] 떠나다, 출발하다, 놓고 가다

turn ; **(turning, turned, turned)**
[자동사] 돌다, 뒤집히다
[타동사] 돌리다, 회전시키다

return ; **(returning, returned, returned)**
[자동사] 되돌아 가다, 복귀하다
[타동사] 돌려주다, 되돌리다, 반환하다

slip ; **(slipping, slipped, slipped)**
[자동사] 미끄러지다, 넘어지다
[타동사] 미끄러지게 하다, ~을 빠져 나가다

sit ; **(sitting, sat, sat)**
[자동사] 앉다, (새가)알을 품다, 의사를 진행하다
[타동사] 앉히다, 다루다, 타다

stand ; **(standing, stood, stood)**
[자동사] 일어서다, 위치하다
[타동사] 세우다, 참다, 견디다

pass ; **(passing, passed, passed)**
[자동사] 통과하다, 지나가다, 지나다, 경과하다
[타동사] 통과하다, 건너다, 보내다

pick ; **(picking, picked, picked)**
[자동사] 찌르다, 쑤시다
[타동사] 따다, 찌르다, 풀다

follow ; **(following, followed, followed)**
[자동사] 뒤를 쫓다, 잇따라 일어나다
[타동사] 다음에 오다, 따라가다

move ; **(moving, moved, moved)**
[자동사] 움직인다, 이동하다
[타동사] 움직이다, 이동시키다

visit ; **(visiting, visited, visited)**
[자동사] 방문하다, 머무르다
[타동사] 방문하다, 찾아가다

travel ; **(traveling, traveled, traveled)**
[자동사] 여행하다, 돌아다니다
[타동사] 여행하다

trip ; **(tripping, tripped, tripped)**
[자동사] 헛디디다, 경사지다, 경쾌하게 걷다
[타동사] 걸려 넘어지게 하다, 작동시키다

drop ; **(dropping, dropped, dropped)**
[자동사] 떨어지다, 쓰러지다
[타동사] 떨어뜨리다, 도중에 내려 놓다, 갑자기 들르다

drive ; **(driving, drove, driven)**
[자동사] 운전하다, 질주하다
[타동사] 운전하다, 조종하다, 몰다

pull ; **(pulling, pulled, pulled)**
[자동사] 끌다, 잡아당기다, 끌어 움직이다
[타동사] 끌어당기다, 뽑다

push ; **(pushing, pushed, pushed)**
[자동사] 밀다, 전진하다
[타동사] 밀다, 내밀다, 헤치고 나가다

reach ; **(reaching, reached, reached)**
[자동사] 도달하다, 이르다
[타동사] 도착하다, 내밀다, 달성하다

3.1.1 동사가 사용된 현재시제의 문장

주어	동사	보어 or 목적어	목적어 or 목적보어	P
내 방으로 와.				
	Come to	my room.		1
공원에 매일 가시는군요.				
You	**go to**	the park everyday.		1
결론을 너무 빨리 내리지 마.				
	Don't jump to	conclusions.		3
빨리 결론을 내주세요.				
	Jump	the gun.		3
급히 행동하지 마세요!				
	Don't jump	the gun!		3
집안 내력입니다.				
It	**runs**	in the family.		1
제 제안은 아직 유효합니다.				
My offer still **stands.**				1
저는 일등석만 타고 여행을 다닙니다.				
I	always **travel**	first class.		1
발을 헛디디지 마세요.				
	Don't trip up	on the step.		1
편지 해! (한 줄 떨궈)				
	Drop	me	a line!	4
그만 하세요!				
	Just **drop**	it!		3
이 가게 앞에 내려주세요.				
	Drop	me **off**	at this store.	3
난 운전을 조심스럽게 하는 편이야.				
I	**drive**	like a little old lady.		1

절 미치게 만들어요.				
It	***drives***	me ***up*** the wall.		3
정신 좀 차리세요.				
	Pull	yourself together.		3

3.1.2 동사가 사용된 현재진행 시제의 문장

걔한텐 이제 여유가 있어.				
He	***is picking up***	the pieces.		3
그 남자 때문에 미치겠어요.				
He	***is driving***	me ***up*** the wall.		3

3.1.3 동사가 사용된 과거 및 과거진행 시제의 문장

주어	동사	보어 or 목적어	목적어 or 목적보어	P
Jane은 출근 시간에 늦었어.				
Jane	***didn't come***	to work on time.		1
헛걸음 했어.				
I	***went on***	a fool's errand.		1
우리 지난주에 해변으로 파도타기 하러 가지 않았는데.				
We	***didn't go***	surfing at the beach last week.		1
그 여자 나갔어요.				
She	***went out.***			1
일이 잘못되었어. (일이 꼬였다)				
It	***went***	wrong.		1
우리는 딱 한 번 데이트 했습니다.				
We	only ***went out***	once.		1

우연히 친구를 만났어요.				
I	**ran into**	a friend of mine.		3
Tim은 지난주에 길에서 Jane과 우연히 만났어.				
Tim	**ran into**	Jane	on the street last week.	3
Jane은 지난주에 아일랜드에 갔었대요.				
Jane	**left for**	Ireland last week.		1
우산을 두고 왔네요.				
I	**left**	my umbrella	behind.	3
"안녕"이라고 말하면서 그가 떠났어요.				
Saying "good-bye", he	**left**	me.		3
깜빡 잊어버렸는데.				
It	**slipped**	my mind.		3
Tom은 지난 주에 부모님을 찾아 뵈었답니다.				
Tom	**visited**	his parents last week.		3

3.1.4 동사가 사용된 현재완료 및 과거완료 시제의 문장

주어	동사	보어 or 목적어	목적어 or 목적보어	P
그 사람들 도가 좀 지나쳤어요.				
They	**have gone**	too far.		1
더 일찍 출발했어야 했는데.				
I	**should have left**	earlier.		1
전 그 시험에 벌써 합격했어요.				
I	**have** already **passed**	the test.		1

3.1.5 동사가 사용된 미래 및 미래진행 시제의 문장

주어	동사	보어 or 목적어	목적어 or 목적보어	P
Tom은 금방 올 거에요.				
Tom	**will come back**	soon.		1
난 그냥 하려고 그래.				
I	**will** just **go for**	it.		1
학교에 가는 중이야.				
I	**am going**	to school.		1
나는 지금 감자를 좀 사려고 해.				
I	**am going**	to buy some potatoes right now.		1
교회에 갑니다				
I	**am going**	to church.		1
영어 카페에 갑니다.				
I	**am going to** English café.			1
난 지금 음악을 들으려고 해.				
I	**am going**	to listen to music right now.		1
나는 지금 자려고 해.				
I	**am going**	to sleep right now.		
내년에는 좀더 열심히 공부 할 생각이에요.				
I	**am going**	to study harder next year.		1
우리는 내일 한국으로 돌아가게 될 겁니다.				
We	**will be going back**	to Korea tomorrow.		1
난 지금 우유를 따뜻하게 하려고 그래.				
I	**am going** to **fix**	some hot milk right now.		1
난 체중을 5kg 뺄 거야.				
I	**am going**	to lose 5Kg.		1

나는 일을 그만 두려고 그래.		
I **am going** to quit my job.		1
이번 여름에는 휴가를 길게 내야지.		
I **am going** to take a long vacation this summer.		1
우리는 내일 쇼핑을 하고 있을 거야.		
We **will be going** shopping tomorrow.		1
우리는 금요일 저녁에 파티를 열려고 해.		
We **are going** to have a party Friday night.		1
너는 한국에서 영어를 가르치게 될 거야.		
You **are going** to teach English in Korea.		1
그 차 폐차해라.		
You **are gonna** have to junk it.		1
(* gonna = going to)		
그는 Jane과 저녁을 먹을 거에요.		
He **is going** to have dinner with Jane.		1
나는 슈퍼마켓에 갈 거야.		
I **am going** to **go** to the supermarket.		1
저에게 전화하셨다면서요. (전화하셨다고 해서 전화드리는데요)		
I **am returning** your call.		3
내가 계산할께.		
I **will pick up** the tab.		3
난 수석으로 합격할 거야.		
I **will pass** the exam with flying colors.		3

3.2 동사가 사용된 복문장 (2개 이상으로 구성된 문장)

만일 그녀가 곧 오지 않으면 우리는 그녀 없이 출발해야 해.	If she **doesn't come** soon, we'**ll** just **have** to leave without her.
그가 내일 올 때 내가 그를 안아 줄 거야.	When he **comes** tomorrow, I **will give** him a hug.
되도록 일찍 제 사무실로 오세요.	**Come** to my office as early as you **can**.
잘해 봐. 그 여자가 너무 멋져 보여.	**Go** for it, she **seems** very nice.
건강이 재산보다 우선이라고 말할 필요도 없어.	It **goes** without saying that health **is** above wealth.
아무리 늦게 잠자리에 들어도 그녀는 다음날 아침에 일찍 일어납니다.	No matter how late she **goes** to bed, she **is** always up early the next morning.
결론을 너무 빨리 내리지마.	**Don't jump** to any conclusions. **Let**'s not jump the gun.
네가 밀어 그럼 내가 당길께.	You **push** and I **will pull.**

3.3 조동사가 사용된 문장

당신 집에 갈지 모르겠어요.	I **may go** to your home.
난 너의 집에 가야만 해	I **must go** to your home
혼자 여행할 수 있어요.	I **can travel** by myself.

3.4 동사가 사용된 의문문 문장

내가 왜 이 길로 왔지?	Why *did* I *come* this way?
언제 오셨어요?	When *did* you *come*?
넌 왜 내 생일파티에 오지 않았니?	Why *didn't* you *come* to my birthday party?
너 언제 돌아올 거니?	When *are* you *coming back*?
커피 마시러 오실래요?	*Will* you *come over* for coffee?
우리가 어떻게 이렇게 멀리까지 왔지?	How *did* we *come* this far?
이리 가까이 좀 오실래요?	*Can* you *come* a little closer?
제 사무실로 지금 와 줄 수 있으신가요?	*Could* you *come* to my office right now?
여기 자주 오시나요?	*Do* you *come* here often?
이 놀이터엔 자주 오세요?	*Do* you *come to* this playground often?
이 식당에 자주 오세요?	*Do* you *come to* this restaurant often?
당신 이 책 어떻게 해서 생겼어?	How *did* you *come* by this book?
너는 얼마나 자주 여기에 나오니?	How often *do* you *come* out here?
너도 같이 가는 게 어때?	Why *don't* you *come along*?
왜 그 여자가 내 파티에 오지 않겠다고 하는 거에요?	Why *shouldn't* she *come* to my party?
주방으로 좀 와주시겠어요?	*Would* you *come* to the kitchen, please?
버스가 얼마나 자주 오나요?	How often *does* the bus *come*?
너 왜 야구장에 가지 않았어?	Why *didn't* you *go* to the ballpark?
Jane 오늘 학교에 안 갔어?	*Didn't* Jane *go* to school today?

어디 갔었니?	Where **did** you **go**?
그가 연주회에 가려고 한 거 아니었나요?	**Wasn't** he **going** to go to the concert?
Tom이 자기 자전거를 수리하겠다고 하지 않았나?	**Wasn't** Tom **going** to fix his bike?
Jane이 나랑 점심식사를 먹으려고 한 거 아니었어?	**Wasn't** Jane **going** to eat lunch with me?
그 여자가 차 닦으려고 하지 않았어?	**Wasn't** she **going** to wash the car?
Jane이 Tom 만나려고 한 것 아니었어?	**Wasn't** Jane going to meet Tom?
그 사람들 무슨 얘기하려고 그러지?	What **are** they **going** to talk about?
너 어디 가니?	Where **are** you **going**?
너 집에 언제 올 거야?	When **are** you **going back** home?
너 등산을 언제 갈 거니?	When **are** you **going** hiking?
너 언제 착한 아들이 될래?	When **are** you **going** to be a good son?
너 박물관에 언제 갈 거야?	When **are** you **going** to go to the museum?
너 누구랑 같이 갈 거니?	Who **are** you **going with**?
당신이 제 시간에 거기 갈 수 있겠어요?	**Will** you **be** able to go there on time?
그 여자는 뭘 만들려고 그러지?	What **is** she **going** to make?
저희들은 무엇을 가져가지요?	What **are** we **going** to take?
너 저 드레스를 사려고 하지 않았어?	**Weren't** you **going** to buy that dress?

너 나를 도와주려고 한 거 아니었니?	**Weren't** you **going** to help me?
오늘 저녁 네가 지으려고 한 것 아니었어?	**Weren't** you **going** to make dinner tonight?
너는 스페인어 공부하려고 한 것 아니었어?	**Weren't** you **going** to study Spanish?
전 뭘 하지요?	What **am** I **going** to do?
너 쉴 생각 아니었어?	**Weren't** you **going** to take a break?
너 뭐 갖고 올 거니?	What **are** you **going** to bring?
너 뭐 살 거니?	What **are** you **going** to buy?
오늘 저녁에 뭐할 거예요?	What **are** you **going** to do this evening?
너 뭐 가질 거니?	What **are** you **going** to have?
너 무슨 공부를 할 예정이니?	What **are** you **going** to study?
너 뭐 해볼 거니?	What **are** you **going** to try?
너 언제 네가 먹을 음식을 싸올 거야?	When **are** you **going** to bring your own food?
너 언제 술 끊을 거야?	When **are** you **going** to give up drinking?
너 설거지를 언제 도와줄래?	When **are** you **going** to help me with the dishes?
너 쇼핑몰에 언제 갈 거니?	When **are** you **going** to the shopping mall?
그녀에게 데이트 신청할 거야?	**Are** you **going** to ask her out?
왜 갈수 없는데?	How come you **can't go**?
표 사려면 어디로 가지요?	Where **should** I **go** to buy tickets?

인터넷을 쓰려면 어디로 가지요?	Where **should** I **go** to use the Internet?
그럼 내가 맥주를 가져오지 뭐.	Why **don't** I **go** to get some beer?
우리 볼링 치러 가지 않을래?.	Why **don't** we **go** bowling?
우리 낚시 안 갈래?	Why **don't** we **go** fishing?
혹시 공연도 다니고 그러세요?	**Do** you ever **go** to concerts?
너 매일 밤에 볼링 하러 가니?	**Do** you **go** bowling every night?
너 사냥하러 자주 가니?	**Do** you **go** hunting very often?
너 해변에 파도타기 하러 가니?	**Do** you **go** surfing at the beach?
너 아직도 Tom이랑 배 타러 나가니?	**Do** you still **go** sailing with Tom?
너 주로 인라인 스케이트를 타러 가니?	**Do** you usually **go** rollerblading?
너 금요일마다 일하러 나가지 않니?	**Don't** you **go** to work on Fridays?
너 반찬거리 사러 어디로 가니?	Where **do** you **go** grocery shopping?
너 매일 공원에 가지, 그렇지?	You **go** to the park everyday, **don't** you?
Jane은 얼마나 자주 쇼핑하러 가니?	How often **does** Jane **go** shopping?
얼른 가서 뭐 좀 먹고 올까?	Why **don't** we **go** grab a bite?
우리 등산 가지 않을래?	Why **don't** we **go** hiking?
우리 조깅 안 할래?	Why **don't** we **go** jogging?
우리 쇼핑 안 갈래?	Why **don't** we **go** shopping?
너는 돈을 어떻게 낼 거니?	How **are** you **going** to pay?

너 파티에 왜 안 가는데?	How come you're not *going* to the party?
Jane이 하고 있던 연구조사는 어떻게 되고 있어요?	How *is* Jane's research *going*?
준결승전은 어떻게 진행되고 있나요?	How *is* the semifinal *going*?
그들의 프로젝트는 어떻게 진행되고 있나요?	How *is* their project *going*?
네 숙제는 어떻게 되어 가고 있니?	How *is* your homework *going*?
네 휴가계획은 어떻게 진행되고 있어?	How *is* your plan for vacation *going*?
Tom이 뭘 팔려고 하는 거니?	What *is* Tom *going* to sell?
우리가 왜 지금 떠나야 되죠?	Why *should* we *leave* now?
너는 주로 언제 퇴근하니?	When *do* you usually *leave* work?
에어컨 좀 켜 줄래?	*Can* you *turn on* the air conditioner?
휴대폰을 꺼 주시겠습니까?	*Would* you please *turn off* the cell phone?
여기에 앉아도 되겠습니까?	*May* I *sit* here?
앉아서 얘기하지 그러니?	Why *don't* you *sit* down and *talk*?
좀 앉지 않을래?	Why *don't* you *sit down*?
소금 좀 집어 주실래요?	*Would* you please *pass* me the salt?
내 말 따라오고 있어?	*Are* you *following* me?
이해되니?	*Do* you *follow* me?
조금만 비켜 주시겠어요?	*Would* you *move* over a little?
가구 옮기는 중이니?	*Is* it *moving* from your furniture?

너는 그 여자 부모님을 언제 찾아 뵐 거야?	When **are** you **visiting** her parents?
너 이번 주말에 우리 집에 올 수 있어?	**Can** you **visit** my house this weekend?
당신 이번 주말에 우리 부모님을 찾아 뵐 수 있어요?	**Can** you **visit** my parents this weekend?
너는 부모님을 얼마나 자주 찾아 뵙니?	How often **do** you **visit** your parents?
라틴 아메리카 쪽 도시 가 본 적 있니?	**Have** you ever **visited** the city of region Latin America?
우리 집에 잠깐 들르시겠어요?	**Would** you please **drop by** house for a moment?

Chapter 4.

'생각'에 대한 표현

Chapter 4 '생각'에 관한 표현

4.1 동사가 사용된 단문장 표현

think ; **(thinking, thought, thought)**
[자동사] 생각하다, 궁리하다
[타동사] 생각하다, 예상하다

forget ; **(forgetting, forgot, forgotten)**
[자동사] 잊다
[타동사] 잊다, 소홀히 하다

understand ; **(understanding, understood, understood)**
[자동사] 알다, 이해력이 있다
[타동사] 이해하다, 들어서 알고 있다

remember ; **(remembering, remembered, remembered)**
[자동사] 생각나다, 회고하다
[타동사] 기억하고 있다. 사례하다

trust ; **(trusting, trusted, trusted)**
[자동사] 신용하다, 신임하다
[타동사] 신뢰하다, 믿다

believe ; **(believing, believed, believed)**
[자동사] 믿다, 신뢰하다
[타동사] 믿다

wish ; **(wishing, wished, wished)**
[자동사] 바라다, 원하다
[타동사] 원한다, 하고 싶다

worry ; **(worrying, worried, worried)**
[자동사] 걱정하다, 괴로워하다
[타동사] 귀찮게 굴다

wonder ; **(wondering, wondered, wondered)**
[자동사] 이상하게 여기다, 놀라다
[타동사] 이상하게 생각하다, 호기심을 갖다

read ; **(reading, read, read)**
[자동사] 독서하다, 낭독하다
[타동사] 읽다, 해독하다

write ; **(writing, wrote, written)**
[자동사] 쓰다, 저술하다
[타동사] 쓰다, 편지를 쓰다

dream ; **(dreaming, dreamed, dreamed)**
[자동사] 꿈을 꾸다, 꿈에 보다
[타동사] 꿈꾸다, 몽상하다

encourage ; **(encouraging, encouraged, encouraged)**
[자동사] 없음
[타동사] 용기를 북돋아 주다, 격려하다

envy ; **(envying, envied, envied)**
[자동사] 없음
[타동사] 부러워하다, 시기하다, 질투하다

excuse ; **(excusing, excused, excused)**
[자동사] 없음
[타동사] 용서하다, 변명하다

forgive ; **(forgiving, forgave, forgiven)**
[자동사] 용서하다
[타동사] 용서하다, 면제하다

recognize ; **(recognizing, recognized, recognized)**
[자동사] 서약서를 내다
[타동사] 인식하다, 인정하다

agree ; **(agreeing, agreed, agreed)**
[자동사] 동의하다, 의견이 일치하다
[타동사] 승인하다

sign ; **(signing, signed, signed)**
[자동사] 서명하다, 신호하다, 표시하다
[타동사] 서명하다, 사인하다

type ; **(typing, typed, typed)**
[자동사] 타이프를 치다
[타동사] 상징하다, 대표하다, 타이핑하다

update ; **(updating, updated, updated)**
[자동사] 없음
[타동사] 새롭게 하다

use ; **(using, used, used)**
[자동사] used 과거형으로만 쓰임, 처신하다, 행동하다
[타동사] 사용하다, 소비하다

expect ; **(expecting, expected, expected)**
[자동사] expecting 진행형으로 사용하면서 임신 중이다
[타동사] 기대하다, 작정하다

4.1.1 동사가 사용된 현재시제의 문장

주어	동사	보어 or 목적어	목적어 or 목적보어	P
나한테 메일 보내는 거 잊지마.				
	Don't forget	to send	me a e-mail.	3
그 거 걱정하지마.				
	Don't worry about	it.		3
이번 시험이 걱정 돼요.				
I	**am worried about**	this coming exam.		3
당연하지!				
No,	**wonder!**			1
우리는 당신께서 이러한 선택사항을 고려하도록 권장합니다.				
We	**encourage**	you	to consider these options.	5
난 네가 부러워.				
I	**envy**	you.		3
늦어서 미안해.				
	Excuse	me	for being late.	3
제발 용서해 주세요.				
Please	**forgive**	me.		3
그 사람 말이 정말 많이 맞아요.				
I	**agree with**	him	to a large extent.	3
그 부분에 대해서는 당신의 말에 동의합니다.				
I	**agree with**	you on that.		3

어느 정도는 당신 말에 동의합니다.			
I ***agree with*** you to some extent.			3
너무 기대하지마.			
Don't expect too much.			1

4.1.2 동사가 사용된 현재진행 시제의 문장

주어	동사	보어 or 목적어	목적어 or 목적보어	P
괜한 걱정 했어.				
I	***am worrying for***	nothing.		3
그 여자가 아기를 낳을 거에요.				
She	***is expecting***	a baby.		3
그 분 아기 가졌어요.				
She	***is expecting***.			1

4.1.3 동사가 사용된 과거 및 과거진행 시제의 문장

주어	동사	보어 or 목적어	목적어 or 목적보어	P
그건 꿈도 꾸지 않았어.				
I	***wouldn't dream of*** it.			3
난 그녀에게 데이트 신청한다는 것은 꿈도 꾸지 않았죠.				
I	***didn't*** even ***dream about*** asking her out.			3
난 그 것에 대해 꿈도 꾸지 않았어.				
I	***didn't*** even ***dream about*** it.			3
나는 돈을 훔치는 일 같은 것은 꿈도 꾸지 않았어.				
I	***didn't*** even ***dream about*** stealing the money.			3

널 여기서 만날 줄은 몰랐다.

주어	동사	보어 or 목적어	목적어 or 목적보어	P
I	**didn't expect**	to see you here.		3

4.1.4 동사가 사용된 현재완료 및 과거완료 시제의 문장

주어	동사	보어 or 목적어	목적어 or 목적보어	P

네 생각을 많이 했어.

I	**have been thinking of** you	a lot.		3

난 벌써 그 기사 읽었는데.

| I | **have already** read the articles. | | | 3 |

어제부터 읽기 시작했어.

| I | **have already** started to read the articles. | | | 3 |

나라면 그에게 데이트 신청할 생각은 하지도 못 했을 거예요.

| I | **wouldn't have dreamed about** asking him out. | | | 3 |

나라면 꿈도 못 꾸었을 거야.

| I | **wouldn't have dreamed about** it. | | | 3 |

나라면 혼자 여행할 생각은 꿈도 못 꾸었을 거예요.

| I | **wouldn't have dreamed about** traveling alone. | | | 3 |

4.1.5 동사가 사용된 미래 및 미래진행 시제의 문장

주어	동사	보어 or 목적어	목적어 or 목적보어	P

네 생각 할께

| I | **will think of** | you. | | 3 |

네 생각 꼭 할께.

| I | **will be thinking of** | you. | | 3 |

당신 꿈 꿀께요..

| I | **will dream of** | you. | | 3 |

당신 꿈을 꼭 꾸겠어요.

| I | ***will be dreaming of*** you. | 3 |

4.2 동사가 사용된 복문장(2개 이상으로 구성된 문장)

난 네가 배고픈 줄 알았어!	I ***thought***, you ***were*** hungry!
난 네가 아픈 줄 알았어!	I ***thought***, you ***were*** sick!
난 네가 화 난 줄 알았어!	I ***thought***, you ***were*** upset!
난 그게 그 여자의 생일 선물인 줄 알았어요.	I ***thought***, it ***was*** her birthday present.
난 그게 Jane의 목소리인 줄 알았어.	I ***thought***, it ***was*** Jane's voice.
난 그게 내가 한 말 때문에 그렇게 된 줄 알았어.	I ***thought***, it ***was*** 　what I ***said***. (* 이 문장은 3개의 문장으로 구성)
난 그게 넌 줄 알았어. (넌 줄 알았어).	I ***thought***, it ***was*** you.
난 그게 네 생각인 줄 알았어.	I ***thought***, it ***was*** your idea.
난 네가 학교에 안 간 줄 알았어.	I ***thought***, you ***didn't go*** to school.
난 네가 그 여자를 쇼핑몰에서 본 줄 알았어.	I ***thought***, you ***saw*** her at the shopping mall.

그것에 대해서 생각 하면 할수록 혼란스러워져요.	The more I **think about** it the more confused I **get**
그것에 대해서 생각하면 할수록 너는 점점 초조해지는구나.	The more you **think about** it the more nervous you **are going** to get.
인간은 생각하고 말할 수 있다는 점에서 짐승과 다릅니다.	Men **differ from** brutes in that they **can think** and **speak**.
내가 해낼 수 있을 지 모르겠어..	I **don't think** I **can make** it.
혼자 여행하는 건 좀 그런데.	I **don't think** I **want** to travel alone.
그 여자가 나한테 반한 것 같지 않아.	I **don't think** she **has** a crush on me.
나는 그 여자가 여기 있을 것 같지가 않아.	I **don't think** she **is** here.
나는 그 여자가 나를 좋아하는 것 같지가 않아.	I **don't think** she **likes** me.
나는 그 여자가 나를 믿지 않는 것 같아.	I **don't think** she **trusts** me.
나는 그 여자가 잠자고 있을 것 같지가 않아.	I **don't think** she'**s** sleeping.
그 사람들 캐나다 사람이 아닌 것 같아.	I **don't think** they'**re** from Canada.
난 정말 그 사람이 진정한 친구 라고 생각하지 않아요.	I seriously **don't think** he'**s** a true friend.

허리에 문제가 있는 것 같아요.	I *think,* I *have* a back problem.
제가 독감에 걸린 것 같아요.	I *think,* I *have* the flu.
이제 공부를 좀 해야 할 것 같아요.	I *think,* I *have* to hit the books now.
내 생각에는 그 여자가 너 때문에 여기에 온 것 같아.	I *think,* she *comes* here for you.
난 그것이 대부분의 사람들을 혼란스럽게 하는 거 같아.	I *think,* that *is* where the majority of people *get* confused (* 3개의 문장으로 구성, 3번째 문장은 2번째 문장의 보어로 사용됨)
그들은 정말로 네가 필요한 것 같아.	I *think,* they really *need* you.
내가 보기엔 너 다른 옷으로 갈아입어야겠다.	I *think,* you *need* to change your clothes.
제 생각엔 (당신이) 좀 쉬셔야 하겠어요.	I *think,* you *need* to take a rest.
내 생각엔 네가 그 사람과 얘기를 나눠 볼 필요가 있을 것 같아.	I *think,* you *need* to talk to him.
자네 아들은 훌륭한 학생인 것 같아.	I *think,* your son *is* a good student.
개인적인 생각이지만, 혼자 여행하는 것이 안전할 것 같진 않아.	Personally, I *don't think,* it*'s* safe to travel alone.

내가 한 말을 잊지마.	**Don't forget** what I **said.**
제가 그 문을 어떻게 열었는지 기억나지 않는데요.	I **don't remember** how I **opened** the door.
그들이 나한테 무슨 말을 했는지 생각나지 않아요.	I **don't remember** what they **told** me.
그가 언제 전화했었는지 기억나지 않아.	I **don't remember** when he **called**.
내가 열쇠를 어디에 두었는지 기억나지 않습니다.	I **don't remember** where I **put** the keys.
그 여자가 왜 나를 때렸는지 생각나지 않는데.	I **don't remember** why she **hit** me.
거기에 Hollywood 가는 버스가 있을 거야	I **believe** there **is** a bus going to Hollywood.
100달러면 MP3플레이어를 살 수 있을 겁니다.	I **believe** you **can get** an MP3 player for $100.
사람들은 그가 자살했다고 생각해요.	They **believe** that he **killed** himself.
직장을 구했으면 좋겠는데.	I **wish** I **can get** a job.
월급이 올랐으면…	I **wish** I **can get** a raise.
진급을 했으면…	I **wish** I **can get** promoted this time.
파티에 갈 수 있으면..	I **wish** I **can get** to your party.

살을 뺄 수 있으면..	I *wish* I *can lose* weight.
나도 너만큼 그렇게 용기가 있으면 좋겠지만 나한테 그건 무리야.	I *wish* I *could be* as brave as you, but that*'s* just too much for me. (* 3개의 문장으로 구성)
꼭 참석했으면 좋겠지만 제가 그 날 출장을 가요.	I *wish* I *could be* there, but I*'ll be* out of town on business that day. (* 3개의 문장으로 구성)
나도 네가 지금 말한 것을 믿고 싶지만, 믿기가 정말 어렵다.	I *wish* I *could believe* what you just *said*, but it *is* hard to believe. (* 4개의 문장으로 구성)
나도 가도 싶은 마음이지만 내일 중요한 시험이 있어서요.	I *wish* I *could go* too, but I *have* a big test tomorrow. (* 3개의 문장으로 구성)
저녁 먹고 가고 싶지만, 지금 가 봐야 합니다.	I *wish* I *could stay* for dinner, but I *have* to go now. (* 3개의 문장으로 구성)

그녀에게 사실대로 말하고 싶지만, 용기가 없어요.	I **wish** I **could tell** her the truth, but I **don't have** the courage. (* 3개의 문장으로 구성)
시간을 돌리고 싶지만, 불가능한 일입니다.	I **wish** I **could turn back** time, but it **is** impossible. (* 3개의 문장으로 구성)
나에게 남자친구가 있었으면 좋겠어요.	I **wish** I **had** a boyfriend.
나에게 차가 있었으면 좋겠어.	I **wish** I **had** a car.
내가 유명 인사였다면 좋았을 텐데.	I **wish** I **had** a celebrity.
나에게 직업이 있었으면 좋겠어.	I **wish** I **had** a job.
내가 백만장자라면 참 좋았을 텐데.	I **wish** I **had** a millionaire.
나도 아내가 있었으면 좋겠다.	I **wish** I **had** a wife.
나에게 남자 형제들이 있었으면 좋겠어.	I **wish** I **had** brothers.
그거 할 만큼 돈이 충분히 있었으면 좋겠어.	I **wish** I **had** enough money for that.
내가 지금 캘리포니아에 있다면 좋았을 텐데.	I **wish** I **had** in California now.

내가 네 형이었으면 좋았을 텐데.	I **wish** 　I **had** your brother.
나도 수영할 줄 알면 좋겠는데.	I **wish** 　I **knew** how to swim too.
영어를 잘 할 수 있으면 좋겠는데.	I **wish** 　I **knew** 　　I **spoke** English well. (*3개의 문장으로 구성)
저도 모르는데요.	I **wish** 　I **knew**.
결혼을 했다면 좋았을 거야.	I **wish** 　I **were** married.
내가 더 똑똑했으면 좋았을걸.	I **wish** 　I **were** smarter.
내가 그 사람보다 젊었으면 좋았을 텐데.	I **wish** 　I **were** younger than him.
멋진 일이 있기를 바랍니다.	I **wish** you all the best.
세상에서 가장 행복하기 바랍니다.	I **wish** you all the happiness in the world.
성공을 빕니다.	I **wish** you every success.
당신의 행운을 빕니다.	I **wish** you luck.
난 네가 그러지 않았으면 좋겠어.	I **wish** 　you **wouldn't do** that.
난 네가 그럴 말을 안 했으면 좋겠어.	I **wish** 　you **wouldn't say** that.

난 네가 그 일을 맡지 않았으면 좋겠어.	I *wish* you *wouldn't take* that job.
그 사람이 오고 싶어 할까?	I *wonder* if he *wants* to come.
그 사람이 과연 전화 할까?	I *wonder* if he *will* call.
그의 혈액형이 A형인지 모르겠네요.	I *wonder* if his blood type *is* A.
난 그녀가 내가 자기를 얼마나 사랑하는걸 아는지 궁금해.	I *wonder* if she *knows* how much I *love* her. (* 3개의 문장으로 구성)
이 주변에 한국 돈을 미국 달러로 바꿀 수 있는 곳이 있는지 알고 싶은데요.	I *wonder* if there *is* a place to exchange Korean Won for US Dollars near here.
네가 나처럼 느끼는지 알고 싶어.	I *wonder* if you *feel* the same way I *do.* (* 3개의 문장으로 구성)
내가 하는 말을 네가 이해하고 있는지 궁금해.	I *wonder* if you *understand* what I *am talking about.* (* 3개의 문장으로 구성)
무슨 일이 있었던 거 같지 않니?	I *wonder* what *happened*.
회사가 더 많은 투자를 해야 한다는 것에 절대 동의합니다.	I absolutely *agree* that the company *has* to invest more.

사람들이 금연해야 한다는 것에 동의합니다.	I **agree** that 　people **should stop** smoking.
새것을 사야 하는 것은 맞는데요, 문제는 돈이 없어요.	I **agree** that 　we **need** a new one, 　　but we just **don't have** money. (*3개의 문장으로 구성)
어려울 때를 대비해 돈을 아껴 써야 한다는 말에 동의해.	I **agree** that 　we **need** to save money for rainy days.
당신을 다른 사람으로 착각한 것 같아.	I **think**, 　I **took** you for someone else.
너 발목이 어떻게 된 것 같아.	I **think** 　you **did** something to your ankle.

4.3 조동사가 사용된 문장

금방 생각이 떠오르지 않아요.	I **can't think of** it off hand.
나는 경찰을 불러야 된다고 생각해.	I **think**, 　I **should call** the police.
가봐야 할 것 같아요.	I **think**, 　I **should get** away.
난 네가 그 사람들 초대에 응해야 한다고 봐.	I **think**, 　you **should accept** their invitation.
이것을 잘 고려하셔야 할 것 같습니다.	I **think**, 　you **should consider** this carefully.
너 그거 당장 해야 할 것 같아.	I **think**, 　you **should do** it right away.

네가 꼭 봐야 할 것 같아.	I *think*, you *should see* it.
속도를 늦춰야 할 것 같은데요.	I *think*, you *should slow* down.
아무래도 너 좀 쉬어야 할 것 같아.	I *think*, you *should take* a break.
내가 보기엔 네가 한번 더 생각해야 할 것 같아.	I *think*, you *should think* twice.
그럼 네가 더 행복할 텐데.	I *think*, you'*d be* happier.
내가 보기엔 넌 엄마 말씀을 듣는 게 좋을 거다.	I *think*, you'*d* better *listen to* your mom.
내 생각엔 너 술을 끊는 게 좋을 거야.	I *think*, you'*d* better *quit* drinking.
내 생각엔 당신이 지금 당장 그와 얘기하는 게 좋겠어요.	I *think*, you'*d* better *talk to* him now.
너 이건 잊는 게 좋을 것 같아.	Maybe you *should forget about* it.
잊어서는 안됩니다	You *mustn't forget*.
나는 그 여자를 이해할 수가 없었어.	I *couldn't understand* her.
넌 그 남자의 전화번호를 기억할 수가 없었어.	You *couldn't remember* his phone number.
나라면 그런 거 그렇게 쉽게 믿지는 않을 거에요.	I *wouldn't believe* it so easily.
못 믿겠는 데	Really? I *can't believe* it.
나는 그것을 믿을 수 없어.	I *can* hardly *believe* it.

난 네가 이렇게 말하는 걸 믿을 수가 없어	I *can't believe* you are saying this.
무료 쿠폰을 사용할 수 있을지 모르겠네요.	I *wonder* if I *can use* a free coupon.
이 전화를 써도 될까 해서요.	I *wonder* if I *could use* the phone.
3시까지 끝낼 수 있을지 모르겠습니다.	I *wonder* if we *could be done* by three.
우리가 Jane을 초대 해야만 하나?	I *wonder* if we *should invite* Jane.
이 책 찾는 걸 당신이 좀 도와주실 수 있을지 모르겠네요.	I *wonder* if you *could help* me find this book.
내가 이 컴퓨터를 사용 할 수만 있으면.	If only I *could use* this computer.
우리는 저 칼을 사용해서는 안 돼.	We'*d* better not *use* that knife.
너는 Tom의 컴퓨터를 사용할 수도 있잖아.	Maybe you *could use* Tom's computer.

4.4 동사가 사용된 의문문 문장

그 여자 어떻게 생각했어요?	What *did* you *think of* her?
그 집 어떻게 생각했니?	What *did* you *think of* that house?
너는 그녀를 누구라고 생각하니?	Who *do* you *think* she *is*?
그렇게 생각하지 않나요?	*Don't* you *think* so?

네 생각에는 어느 것이 더 좋아?	**Which *do* you *think* *is* better?**
그녀 남자친구에 대해서 어떻게 생각해?	**What *do* you *think of* her boyfriend?**
우리본사가 부산으로 이전하자는 나의 결정에 어떻게 생각해?	**What *do* you *think* of my decision to move our headquarters to Busan?**
내 새 차 어떠니?	**What *do* you *think* of my new car?**
우리 새로운 사장 어떻게 생각해?	**What *do* you *think* of our new boss?**
이 색깔이 나에게 어울린다고 생각해?	**Do you *think* this color *suits* me?**
이것이 내 옷에 맞는다고 생각해?	**Do you *think* this *goes with* my dress?**
이것이 나한테 어울린다고 생각해?	**Do you *think* this *looks* good *on* me?**
보기에 괜찮다고 생각해?	**Do you *think* this *looks* OK?**
혹시 외국에서 일할 생각해 본 적 있어?	**Have you ever *thought of* working abroad?**
가져와야 할 거 잊은 거 없어?	***Is* there anything you *forgot* to bring?**
너 내가 보낸 e-mail 읽어봤어?	***Did* you *read* my e-mail yet?**
나 뭘 읽어?	**What *shall* I *read*?**
내가 보낸 e-mail 읽어봤지요?	***Have* you *read* my e-mail yet?**
왜 너는 한번도 편지를 쓰지 않니?	**How come you *never write*?**

조리법을 좀 적어 주시겠습니까?	**Would** you **write down** the recipe, please?
잠깐 실례해도 될까요?	**Will** you **excuse** me, please?
그 여자가 어떻게 나를 알아보았을까요?	How **did** she **recognize** me?
여기 사인해 주시겠어요?	**Would** you **sign** here, please?
이 편지를 부쳐 주시겠습니까?	**Would** you **type** this letter, please?
너 은행 통장정리 안 했어?	**Didn't** you **update** your bankbook?
휴대폰 좀 쓸 수 있을까요?	**could** I **use** your cell phone?
새로 나온 이 소프트웨어는 어떻게 사용하지요?	How **do** you **use** this new software?
내가 지금 네 컴퓨터를 좀 써도 될까?	**Can** I **use** your computer now?

Chapter 5.

'묻고 답하는 것'에 대한 표현

Chapter 5 '묻고 답하는 것'에 관한 표현

5.1 동사가 사용된 단문장 표현

answer ; **(answering, answered, answered)**
[자동사] 대답하다, 책임을 지다
[타동사] 대답하다, 응하다

ask ; **(asking, asked, asked)**
[자동사] 묻다, 원하다, 구하다
[타동사] 묻다, 부탁하다, 청하다

avoid ; **(avoiding, avoided, avoided)**
[자동사] 없음
[타동사] 피하다, 회피하다

afford ; **(affording, afforded, afforded)**
[자동사] 없음
[타동사] 제공하다, 여유가 있다

teach ; **(teaching, taught, taught)**
[자동사] 가르치다
[타동사] 가르치다, 길들이다

learn ; **(learning, learned, learned)**
[자동사] 배우다, 가르침을 받다, 알다
[타동사] 배우다, 알다

know ; **(knowing, knew, known)**
[자동사] 알다, 알고 있다
[타동사] 알다, 체험하다, 인식하다

argue ; **(arguing, argued, argued)**
[자동사] 논하다, 논쟁하다
[타동사] 논쟁하다, 설득하다

guess ; **(guessing, guessed, guessed)**
[자동사] 추측하다, 상상하다
[타동사] 짐작하다, 알아 맞히다

mail ; **(mailing, mailed, mailed)**
[자동사] 없음
[타동사] 우편으로 보내다, 우송하다

marry ; **(marrying, married, married)**
[자동사] 결혼하다
[타동사] 결혼하다, 결혼시키다

mean ; **(meaning, meant, meant)**
[자동사] 호의를 품고 있다
[타동사] 의미하다, 뜻을 가지다

mind ; **(minding, minded, minded)**
[자동사] 마음에 두다, 조심하다, 염두에 두다
[타동사] 마음 쓰다, 주장하다, 주의하다

name ; **(naming, named, named)**
[자동사] 없음
[타동사] 이름을 짖다, 이름을 부르다

order ; **(ordering, ordered, ordered)**
[자동사] 명령하다, 주문하다
[타동사] 명령하다, 주문하다

owe ; **(owing, owed, owed)**
[자동사] 빚이 있다
[타동사] 빚지고 있다, 의무를 지다, 덕택이다

regard ; **(regarding, regarded, regarded)**
[자동사] 없음
[타동사] 간주하다, 생각하다

study ; **(studying, studied, studied)**
[자동사] 연구하다, 조사하다
[타동사] 배우다, 연구하다, 조사하다

want ; **(wanting, wanted, wanted)**
[자동사] 원하다, 바라다
[타동사] 원하다, 바라다

5.1.1 동사가 사용된 현재시제의 문장

주어	동사	보어 or 목적어	목적어 or 목적보어	P
전 학교에서 영어를 가르칩니다.				
I	*teach*	English	at school.	3
넌 절대 논쟁을 하지 않는구나.				
You	*never argue.*			1
말만 하세요.				
You	*name*	it.		3
난 매일 한국음식을 시켜 먹어.				
I	*order*	Korean food	everyday.	3

나에게 이래라 저래라 하지 마세요.

| | **Don't order** | me | around. | 3 |

나의 성공은 아버지 덕분이야.

| I | **owe** | my success | to my father. | 3 |

아침 햇살도 당신 덕분이에요.

| I | **owe** | you | the sunlight in the morning. | 4 |

난 그를 천재라고 생각해.

| I | **regard** | him | as a man of genius. | 3 |

난 외톨이가 되기 싫어.

| I | **don't want** | to be | the only oddball. | 3 |

난 좀 더 책임 있는 위치를 바래.

| I | **want** | a position | with more responsibility. | 3 |

빨리 서비스 해 주세요.

| I | **want** | a rush service. | | 3 |

난 모든 걸 원해요.

| I | **want** | it | all. | 3 |

채널을 바꿨으면 좋겠어.

| I | **want** | to change | the channel. | 3 |

얻어 타고 싶어.

| I | **want** | to get | a ride. | 3 |

태워 주고 싶어.

| I | **want** | to give | you a ride. | 3 |

가능한 한 빨리 승진했으면 해.

| I | **want** | to get promoted as soon as possible. | | 3 |

커피 한잔 하고 싶어요.

| I | **want** | to have a cup of coffee. | | 3 |

우선 음료수를 마시고 싶어요.				
I	**want**		to have a drink first.	3
쥐구멍이라도 숨고 싶어요.				
I	**want**		to run and hide.	3
저 옷을 입어봤으면 좋겠어요.				
I	**want**		to try that cloth on.	3
로또에 당첨되었으면 좋겠어.				
I	**want**		to win the lottery.	3
난 네가 그 걸 알아주었으면 좋겠어.				
I	**want**	you	to know that.	5
이 보고서 좀 검토해 주세요.				
I	**want**	you	to look over this report.	5

5.1.2 동사가 사용된 현재진행 시제의 문장

주어	동사	보어 or 목적어	목적어 or 목적보어	P
내가 지금 묻고 있잖아요.				
I	**am asking**	you.		3
(* 현재 '내가 물어 보려고 하는데요'라는 하려고 하는 의미로도 사용 현재 물어볼 수 있는 상황이 아니라면 미래의 뜻으로 해석하면 됨)				

5.1.3 동사가 사용된 과거 및 과거진행 시제의 문장

주어	동사	보어 or 목적어	목적어 or 목적보어	P
모닝콜 요청하지 않았는데요.				
I	**didn't ask for**	a wake-up call.		3

나는 보고서에 대해서 그 사람과 얘기하는 걸 피했어.				
I	*avoided*	talking to	him about the report.	3
그 여자는 해답을 알지 못했어.				
She	*didn't know*	the answer.		3
정말? 나 그런 거 몰랐어				
Really? I	*didn't know*	that.		3
Jane는 지난주에 결혼했어.				
Jane	*got*	married	last week.	2
일부러 늦은 건 아닙니다.				
I	*did not mean*	to be	late.	3
기분 나쁘게 하려는 의도는 아니었어.				
I	*did not mean*	to sound	rude.	3
폐를 끼칠 생각은 아니었는데요.				
I	*didn't mean*	to bother	you.	3

5.1.4 동사가 사용된 현재완료 및 과거완료 시제의 문장

주어	동사	보어 or 목적어	목적어 or 목적보어	P
아부 할 줄도 아는 군요.				
You	*have learned*	to pay	lip service.	3
더 잘 알고 있었어야 했어요.				
I	*should have known*	better.		
난 언젠가부터 당신에게 데이트 신청을 하려고 했었어요.				
I	*have been meaning*	to ask you out.		3
(* 현재진행을 현재완료로 시제로 만든 현재완료진행형으로 과거부터 지금까지 데이트 신청을 쭉 해오고 있다는 의미 ~ am meaning 에서 am을 현재완료로 바꾸어 have been ~)				

안 그래도 그것을 당신에게 물어 보려고 했었죠.				
I	***have been meaning*** to ask you that.			3
난 새 소파를 하나 사려고 마음먹고 있었죠.				
I	***have been meaning*** to buy a new sofa.			3
그 남자는 미국에서 공부한 적이 없어요.				
He	***hasn't studied*** in the States.			1
너는 분명히 간밤에 공부를 많이 했을 거야.				
You	***must have studied*** a lot last night. (* ~ must study ~에서 study를 현재완료 시제로 바꾼 것으로 틀림없이 과거에서부터 지금까지 '~을 해오고 있다'는 의미)			1

5.1.5 동사가 사용된 미래 및 미래진행 시제의 문장

주어	동사	보어 or 목적어	목적어 or 목적보어	P
우리는 내일 생물학을 공부할 거야.				
We	***will study***	biology	tomorrow.	3
우리는 내일 생물학을 꼭 공부하게 될 거야.				
We	***will be studying***	biology	tomorrow.	3

5.2 동사가 사용된 복문장(2개 이상으로 구성된 문장)

Tom이 내가 언제쯤 Jane과 데이트 시작할거냐고 물었어요.	Tom ***asked*** me When I ***started*** going out with Jane.
사장님이 내가 Samsung과의 협상을 끝낼 수 있는지 물었다.	My boss ***asked*** me if I ***close*** the deal with Samsung.

Tom이 왜 내가 정기점검을 하지 않냐고 물었습니다.	Tom **asked** me why I **didn't get** a regular check up.
Tom이 다른 부서로 옮길 수 있는지 저에게 물었어요.	Tom **asked** me if he **should transfer** to another department.
정치라면 아는 게 없다.	I **don't know** the ABC'**s** of politics.
뭘 골라야 할지 모르겠다.	I **don't know** what to choose.
나는 그 여자에게 뭘 사줘야 할지 모르겠어.	I **don't know** what to get her.
걔한테 뭘 줘야 할지 모르겠어.	I **don't know** what to give him.
무슨 말을 해야 할지 모르겠어.	I **don't know** what to say.
뭘 공부해야 할지 모르겠어.	I **don't know** what to study.
나 그 남자 알아. 그 사람 네 타입 아니야.	I **know** him. He'**s** not your type.
네 기분을 안다.	I **know** how you **feel**.
당신이 하는 말이 무슨 뜻인지 알겠어요.	I **know** what you **mean**.
네가 원하는 것을 알고 있다.	I **know** what you **want**.
너는 내가 누군지 전혀 몰라.	You **never know** who I **am**.

그는 어떻게 해야 할지 몰라.	He **doesn't know** how to do it.
그는 뭘 해야 할지 몰라.	He **doesn't know** what to do.
그는 언제 말해야 될지 몰라.	He **doesn't know** when to say that.
상관없다고 생각한다.	I **guess** it **doesn't matter.**
괜찮다고 생각한다.	I **guess** it **is** OK.
괜찮을 것이라고 생각한다.	I **guess** it **would be** all right.
네가 옳다고 생각한다.	I **guess** you'**re** right.
말만 하세요, 다 있습니다.	You **name** it, you **get** it.
아무리 열심히 공부를 해도 향상이 되지 않는 것 같다.	No matter how hard I **study**, I **don't seem** to improve.
내 모든 꿈은 보고 싶을 때마다 널 보는 거야.	Every time I **want** to see you, all I **have** to do is dream.
당신이 향상되기를 진심으로 원하면 좀더 많은 연습을 해야 한다.	If you really **want** to improve, you'll **have** to practice more.

5.3 조동사가 사용된 문장

사장님은 당신이 물어볼 때마다 답해 줄 수 있으실 거에요.	My boss **should be able to** answer your question.
나라면 다른 사람의 의견을 좀 더 알아보겠어.	I **would ask** for some second opinions.
그럼, 우리 형에게 좀 가 달라고 하면 돼.	Sure, I **can ask** my brother to come over.
너는 그 여자에게 데이트 신청을 할 수도 있어.	Maybe you **could ask** her out.

5.4 동사가 사용된 의문문 문장

제가 전화 받을 까요?	Shall I **answer** the phone?
너는 왜 Jane한테 물었어?	Why **did** you **ask** Jane?
왜 물어보는데?	Why **do** you **ask**?
갑자기 왜 물어?	Why **do** you **ask** all of a sudden?
빨리 질문 하나 드려도 될까요?	**Could** I **ask** you a quick question?
내가 뭐 좀 물어봐도 될까?	**Can** I **ask** you something?
너는 그 프로젝트에 대해서 알고 있니?	**Do** you **know** about the project?
바보 아냐, 몰랐어?	Duh, **Didn't** you **know**?
너는 Jane이 왜 가버렸는지 아니?	**Do** you **know** why Jane **went** away?
우리 전에 어디서 만난 적 있지 않아요?	**Do** I **know** you from somewhere?

내가 왜 그 답을 알고 있어야 하지?	Why **should** I **know** the answer?
불고기 요리할 줄 아세요?	**Do** you **know** how to cook Boolkogi?
이 신청서를 어떻게 작성하는지 알아요?	**Do** you **know** how to fill out this application form?
너 저거 어떻게 고치는 지 알고 있니?	**Do** you **know** how to fix that?
버스가 어떻게 해서 그리로 가는지 알아?	**Do** you **know** how to get there by bus?
너 야구할 줄 아니?	**Do** you **know** how to play baseball?
어떻게 하면 세금을 절약할 수 있는 지 아세요?	**Do** you **know** how to reduce the tax?
너 프랑스 말을 할 줄 아니?	**Do** you **know** how to speak French?
너 수영할 줄 아니?	**Do** you **know** how to swim?
이 MP3 Player 어떻게 트는지 알아?	**Do** you **know** how to turn on this MP3 Player?
역까지 어떻게 가는지 알아?	**Do** you **know** how you **can get** to the station?
그가 나한테 전화했던 거 아니?	**Do** you **know** that he **called** me?
너 내가 영어 과목에서 A를 받은 거 아니?	**Do** you **know** that I **got** an A in English?
Jane이 이걸 만들었던 거 아니?	**Do** you **know** that Jane **made** this?
Jane이 Tom을 사랑했다는 거 아니?	**Do** you **know** that Jane **loved** Tom?
저 여자를 압니까?	**Do** you **know** that woman?

네 딸이 수업 빼먹은 거 아니?	**Do** you **know** that your daughter **missed** the class?
조리법을 알고 있으세요?	**Do** you **know** the recipe?
그 이야기를 알고 있습니까?	**Do** you **know** the story?
그 길 알아?	**Do** you **know** the way?
여기서 무슨 일이 일어나고 있는지 아니?	**Do** you **know** what **is going on** here?
내 계획이 어떤 건지 알아?	**Do** you **know** what my plans **are**?
너 저게 뭔지 알아?	**Do** you **know** what that **is**?
너 저 사람들이 뭐 하는 사람들인지 알아?	**Do** you **know** what the people **are**?
오늘이 무슨 날인지 알아?	**Do** you **know** what today **is**?
너 내일이 무슨 날인지 알아?	**Do** you **know** what tomorrow **is**?
너 제 정신이야?	**Do** you **know** what you**'re doing**?
Jane이 언제 돌아오는지 알아?	**Do** you **know** when Jane **comes back**?
그들이 언제 돌아오는지 아니?	**Do** you **know** when they**'ll return**?
그 여자가 지금까지 어디 있었는지 아니?	**Do** you **know** where she **have been**?
그들이 어디 사는지 알아?	**Do** you **know** where they **are living**?
어떤 게 어떤 건지 알겠어?	**Do** you **know** which **is** which?
너는 누가 네 상담 교사인지 알고 있니?	**Do** you **know** who **is** your counselor?
너 내가 왜 여기 왔는지 알아?	**Do** you **know** why I**'m** here?
너 그거 어떻게 알았어?	How **did** you **know** that?

네 형이 Jane의 주소를 알아?	**Do**es your brother **know** Jane's address?
큰 소포는 우편으로 어떻게 부쳐?	How **do** you **mail** big packages?
이 편지를 부쳐 주시겠습니까?	**Would** you **mail** this letter **for** me?
Tom이 그 소포들을 운송했습니까?	Has Tom **mailed** the packages yet?
상관없어요?	**Don't** you **mind**?
창문 좀 닫아도 될까요?	**Do** you **mind** if I **close** the window?
좌석 좀 뒤로 젖혀도 될까요?	**Do** you **mind** if I **lean back**?
휴대폰 좀 써도 될까요?	**Do** you **mind** if I **use** your cell phone?
가는 길에 어디 좀 잠깐 들러도 괜찮겠어요?	**Do** you **mind** if we **make** a stop on the way?
상관없어요?	**Do** you **mind**?
자리 좀 바꿔 주시면 안 될까요?	**Would** you **mind** switching seats with me?
피자 어떻게 주문하면 되지?	How **can** I **order** pizza?
인터넷으로 주문하지 그래?	Why **don't** you **order** it online?
너는 피자를 주문하지 그러니?	Why **don't** you **order** pizza?
얼마입니까?	How much **do** I **owe** you?
너 왜 시험공부를 하지 않았어?	Why **didn't** you **study** for the test?
너 왜 네 방에서 공부 안했어?	Why **didn't** you **study** in your room?
너 지난 학기에 베트남어 공부했어?	**Did** you **study** Vietnamese last semester?
그 여자 스페인어 공부하지 않았어?	**Didn't** she **stud**y Spanish?

넌 포르투갈어 왜 공부하니?	Why **do** you **study** Portuguese?
너 왜 그 여자하고 같이 오고 싶어 했어?	Why **did** you **want** to come with her?
커피 더 하시겠어요?	**Do** you **want** some more coffee?
식료품점에서 사줬으면 하는 거 있어요?	**Is** there anything that you **want** me to get for you from the grocery store?
당신이 원했던 것이 아닌가요?	**Is** this what you **wanted**?
평소에 결혼하고 싶다는 생각한 적 있어?	**Do** you ever **want** to get married?
정말 내가 그러길 바래?	**Do** you really **want** me to?
가게에서 뭐 사올 것 없어요?	**Do** you **want** anything at the store?
그 밖에 원하는 것 있어요?	**Do** you **want** anything else?
크림과 설탕을 넣을 까요?	**Do** you **want** cream and sugar?
너 영화배우 되고 싶니?	**Do** you **want** to be a movie star?
너 내 차 빌리고 싶니?	**Do** you **want** to borrow my car?
맥주 좀 마실래?	**Do** you **want** to drink some beer?
샌드위치 먹을래?	**Do** you **want** to eat some sandwiches?
교환하실래요, 아니면 환불하실래요?	**Do** you **want** to exchange it or get a refund?
맥주 한 잔 하러 갈래?	**Do** you **want** to go for a beer?
밖에 나갈래?	**Do** you **want** to go outside?
너 오늘 저녁에 연주회 가고 싶니?	**Do** you **want** to go to the concert tonight?
누울래?	**Do** you **want** to lie down?
컴퓨터 게임 할래?	**Do** you **want** to play a computer game?

Tom과 인사 할래?	***Do*** you ***want*** to say "Hi" to Tom?
영화 보러 갈래?	***Do*** you ***want*** to see a movie tonight?
택시 타고 갈래?	***Do*** you ***want*** to take a taxi?
저녁 먹고 산책이나 할까?	***Do*** you ***want*** to take a walk after dinner?
얘기 좀 해 볼래?	***Do*** you ***want*** to talk about it?
너 그 영화 보고 싶지 않니?	***Don't*** you ***want*** to watch the movie?
네가 사고 싶은 게 뭐야?	What ***do*** you ***want*** to buy?
뭐 하고 싶니?	What ***do*** you ***want*** to do?
넌 어떻게 했으면 좋겠니?	What ***do*** you ***want*** to do?
갖고 싶은 게 뭐야?	What ***do*** you ***want*** to have?
무엇을 알고 싶니?	What ***do*** you ***want*** to know?
네가 만들고 싶은 게 뭐야?	What ***do*** you ***want*** to make?
네가 하고 싶은 말이 뭐야?	What ***do*** you ***want*** to say?
어디 가고 싶어?	Where ***do*** you ***want*** to go?
너는 어느 것을 사고 싶어?	Which ***do*** you ***want*** to buy?
너는 누구랑 같이 가고 싶어?	Who ***do*** you ***want*** to go with?
그는 뭘 먹고 싶은 거야?	What ***does*** he ***want*** to eat?
Jane이 무슨 음식을 만들려고 하는 거야?	What ***does*** Jane ***want*** to cook?
Tom이 나를 어떻게 도우려는 거야?	What ***does*** Tom ***want*** to help me with?
그 여자는 뭘 그리고 싶어 하는 거야?	What ***does*** she ***want*** to draw?
그 남자는 뭘 팔고 싶은 거야?	What ***does*** the man ***want*** to sell?
내가 전화해서 피자 시킬까?	***Do*** you ***want*** me to call for pizza?

가게에서 뭣 좀 사다 줄까?	**Do** you **want** me to get you something from the market?
좀 주물러 줄까?	**Do** you **want** me to rub it?
좀 먹어 볼래?	**Do** you **want** to try some?
Tom이 멕시코 음식 먹기 원하니?	**Does** Tom **want** to eat Mexican food?
그가 축구팀에 들어가고 싶대?	**Does** he **want** to join the football team?
Jane이 새 드레스 사고 싶어 하는 거지?	**Does** Jane **want** to buy a new dress?
Tom이 봉급 인상을 원하는 겁니까?	**Does** Tom **want** to get a raise?
당신 아들이 새 자전거를 가졌으면 하지요?	**Does** your son **want** to have a new bike?

Chapter 6.

'시작하고 마치는 것'에 대한 표현

Chapter 6 '시작하고 마치는 것'에 관한 표현

6.1 동사가 사용된 단문장 표현

begin ; **(beginning, began, begun)**
[자동사] (어떤 일이) 시작되다, 하다
[타동사] (말을) 시작하다

finish ; **(finishing, finished, finished)**
[자동사] 끝나다, 그치다, 끝장이다
[타동사] 끝내다, 없애버리다, (남아있는 것을)마저 꺾다

start ; **(starting, started, started)**
[자동사] 출발하다, 떠나다
[타동사] 움직이게 하다, 시동 걸다

stop ; **(stopping, stopped, stopped)**
[자동사] 멈추다, 서다, 머무르다
[타동사] 정지시키다, 막다

stay ; **(staying, stayed, stayed)**
[자동사] 머무르다
[타동사] 기다리며 남아있다. 일정기간 제휴하다

wait ; **(waiting, waited, waited)**
[자동사] 미뤄지다, 기다리다
[타동사] 기대하며 기다리다, 대기하다

open ; **(opening, opened, opened)**
[자동사] 열리다, 젖혀지다
[타동사] 열다

close ; **(closing, closed, closed)**
[자동사] 닫히다, 시들다
[타동사] 닫다, 덮다

hurry ; **(hurrying, hurried, hurried)**
[자동사] 서두리다, 급히 하다
[타동사] ~을 재촉하다, 급히 처리하다

lock ; **(locking, locked, locked)**
[자동사] 자물쇠가 잠기다, 닫히다
[타동사] 잠가두다, 걸려들다

lose ; **(losing, lost, lost)**
[자동사] 손해를 입다, 실패하다
[타동사] 잃다, 상실하다

miss ; **(missing, missed, missed)**
[자동사] 과녁에서 빗나가다, 실패하다
[타동사] 이해하지 못하다, ~을 하지 않다, 놓치다

park ; **(parking, parked, parked)**
[자동사] 주차하다
[타동사] 주차하다, 대기시키다

quit ; **(quitting, quit, quit, 영국에서는 quitted, quitted)**
[자동사] 일을 중지하다, 그만두다
[타동사] 중지하다

6.1.1 동사가 사용된 현재시제의 문장

주어	동사	보어 or 목적어	목적어 or 목적보어	P
드디어 다 했습니다				
I	**am finished.**			1
가능한 한 빨리 보고서 작성을 끝내주세요.				
Please	**finish**	writing the report as soon as possible.		3
날 기다려줘!				
	Wait for	me!		3
잠깐만 기다려주세요.				
	Wait	a minute.		3
창문을 열어주세요.				
	Open	the window.		3
문을 닫아주세요.				
	Close	the door.		3
비행기를 타려면 서둘러야 해요.				
I	**have**	to hurry to catch the flight.		3
(* 여기서는 엄밀히 말해 have가 동사로 사용되었다. 'have' 다음에 To + 동사가 오면 보통 'have to'가 조동사처럼 사용된다고 말한다.)				
이 가방이 잠기질 않아.				
This suitcase **doesn't lock.**				1
브레이크가 말을 안 들어				
The brake **locks.**				1
차 키를 둔 채 잠겼어요.				
I	**am locked out**	of my car.		3
길을 잃었습니다.				
I	**am lost.**			1
고향집이 그리워.				
I	**miss**	my home.		3

당신이 너무 보고 싶어.				
I	*miss*	you very much.		3
그만 좀 해!				
	Just *quit*	it!		3

6.1.2 동사가 사용된 현재진행 시제의 문장

주어	동사	보어 or 목적어	목적어 or 목적보어	P
아빠가 혈액 검사의 결과를 기다리고 계세요.				
My dad	*is waiting on*	the result of a blood test.		3
그들은 지금 폭우가 끝나기를 기다리고 있습니다.				
They	*are waiting*	the storm out.		3
일 마치는 중이에요.				
I	*am quitting*	the day.		3

6.1.3 동사가 사용된 과거 및 과거진행 시제의 문장

주어	동사	보어 or 목적어	목적어 or 목적보어	P
내 여자친구가 작별 인사도 없이 급히 갔어.				
My girl friend *hurried* away without any saying "Good Bye".				1
내가 공을 놓쳤어요.				
I	*missed*	a ball.		3
Jane이 쇼핑몰 가는 길을 찾지 못했어요.				
Jane	*couldn't find*	the way to the mall.		3
나는 작년부터 카드 놀이하는 그만뒀어요.				
I	*stopped*	playing	cards last year.	3

열쇠를 방안에 둔 채 방이 잠겼어요.				
I	***was locked out***	of my room.		3

나는 실패에도 불구하고 용기를 잃지 않았습니다.				
In spite of my failure I ***didn't lose*** my heart.				3

6.1.4 동사가 사용된 현재완료 및 과거완료 시제의 문장

주어	동사	보어 or 목적어	목적어 or 목적보어	P
저 담배 끊었어요.				
I	***have quit***(quitted)	smoking.		3
전 이미 면접을 끝냈어요.				
I'**ve**	already ***finished***	the interview.		3
(* I've = I have' 에서 have + P.P 현재완료 형태로 have를 동사의 범위에 포함시켜 위치하여야 하나 I've가 하나의 단어처럼 사용되므로 편의상 주어의 위치에 표시하였음. 이하 계속)				
벌써 한 시간째 기다리고 있습니다.				
I'**ve**	***been waiting for***	an hour already.		3
Tom과 소식이 끊어졌어.				
I'**ve**	***lost***	track of Tom.		3

6.1.5 동사가 사용된 미래 및 미래진행 시제의 문장

주어	동사	보어 or 목적어	목적어 or 목적보어	P

좋은 식사는 서두르지 말고 먹어야 합니다.

A good meal ***should never be hurried.***

(* should는 shall의 과거형이다. 만일 위 문장에서 shall을 사용하였다면
 '좋은 음식은 서두르지 말고 먹어야 할 것입니다'가 되고
 과거형 should를 사용하였다면
 '좋은 음식은 서두르지 말고 먹어야만 했습니다'의 의미가 되지만
 이 말은 한국어의 의미로 볼 때 '~먹었어야 했는데 빨리 먹어버렸다'는
 의미처럼 들리지만 영어에서 그런 의미로 사용하려면 현재완료형을 사용
 ~ should have not be hurried가 되어야 한다.
 즉 should never be hurried는 우리말 현재처럼 '~하지 말아야 한다'
 라는 의미로 사용된다. 그래서 가정법 과거를 현재 사실의 반대라고 한다. | 1 |

그만 두겠어요.

| I | ***will quit.*** | | | 1 |

6.2 동사가 사용된 복문장(2개 이상으로 구성된 문장)

내가 뭘 찾았는지 기다려 봐!	***Wait*** till you ***see*** what I***'ve found!***
일단 창문을 열면 다시는 닫을 수가 없습니다.	Once you ***open*** that window, you ***will never be*** able to ***close*** it.
서둘러! 우리가 기차를 놓치겠어.	***Hurry*** up, we ***will miss*** the train.
내가 도울 수 있는지 아들을 만나러 갔습니다.	I ***went over*** to see my son, if I ***could help.***

혼자 남겨졌을 때, 그 아이는 울기 시작했다.	Being **left** alone, the child **began** to cry.
보고서를 최대한 빨리 끝내주세요.	Please **finish** writing the report as soon as possible.
일단 포테이토칩을 먹기 시작하면 좀처럼 멈출 수가 없어.	Once I **start** eating potato chips, it'**s** hard for me to stop.
일단 그 창문을 열면, 두 번 다시 닫을 수 없게 되요.	Once you **open** that window, you'**ll never be** able to close it.
일단 신용을 잃으면 만회하기가 정말 힘듭니다.	Once you **lose** someone's trust, it'**s** really hard to get it back.

6.3 조동사가 사용된 문장

너 숙제를 끝내야 해.	You **should finish** your homework.
재채기가 안 멈춰요.	I **can't stop** sneezing.
오늘밤에는 집에 있는 편이 나을 거 같애.	I'**d** rather **stay** home tonight.
당신이 오늘밤 새는 것도 가능할 겁니다.	Perhaps you **could stay** up tonight.
서두르는 편이 좋겠어요.	You'**d** better **hurry**.
전 이 세상 어떤 일이라도 그걸 놓치진 않을 거예요.	I **wouldn't miss** it for the world!.

6.4 동사가 사용된 의문문 문장

창문을 열까요?	**Shall** I **open** the window?
우리가 길을 잃은 거니?	**Are** we **lost**?
너 살 뺐구나?	**Have** you **lost** weight?
차를 어디에 주차하지요?	Where **do** I **park** my car?
너 왜 여기에 주차 했니?	Why **did** you **park** your car here?
일을 끝내셨나요?	**Are** you **finished** yet?
정오 전에 일을 마친 적이 있어?	**Have** you ever **finished** work before noon?
너희들 왜 나 빼고 시작했어?	Why **did** you **start** without me?
지금 당장 시작할 수 있겠어요?	**Will** you **be** able to **start** right away?
자 이제 모두 모였으니 시작할까요?	Now that everyone'**s** here, why **don't** we **start**?
우리 말다툼 그만 하자.	Why **don't** we **stop** arguing?
우리가 왜 여기 있어야 되죠?	Why **should** we **stay** in here?
제가 이것을 마칠 때까지 기다려 주실 수 있으신가요?	**Could** you **wait for** me to finish this?
여기서 잠시 기다려 주시겠어요?	**Would** you please **wait** a moment here?
그럼 제가 창문을 열어보죠.	Why **don't** I **open** the window?
이 병 뚜껑 좀 열어 주실래요?	**Can** you **open** the jar for me?
이문은 어떻게 여는 거지요?	How **do** you **open** this door?
너 어디에 주차 하니?	Where **do** you **park** your car?
자, 이제 회사를 그만 두었으니 무엇을 할 생각이세요?	Now that you'**ve quit** your job, what **are** you **going** to **do** next?

Chapter 7.

'사고 파는 것'에 대한 표현

Chapter 7 '사고 파는 것'에 관한 표현

7.1 동사가 사용된 단문장 표현

buy ; **(buying, bought, bought)**
[자동사] 물건을 사다, 사는 쪽이 되다
[타동사] (대가를 치르고)얻다, (돈으로)매수하다

sell ; **(selling, sold, sold)**
[자동사] 팔리다, 장사하다
[타동사] 팔다, 매도하다

borrow ; **(borrowing, borrowed, borrowed)**
[자동사] ~에서 빌리다, 차용하다
[타동사] 빌리다

lend ; **(lending, lent, lent)**
[자동사] 돈을 빌려주다, 융자하다
[타동사] 빌려주다, 대여하다

change ; **(changing, changed, changed)**
[자동사] 변하다, 달라지다
[타동사] 변화시키다, 바꾸다

charge ; **(charging, charged, charged)**
[자동사] 값을 부르다, 돌진하다
[타동사] 충전하다, 책임을 맡기다

check ; **(checking, checked, checked)**
[자동사] 갑자기 정지하다, 조사하다
[타동사] 저지하다, 방해하다

choose ; **(choosing, chose, chosen)**
[자동사] 선택하다, 원하다, 바라다
[타동사] 없음

need ; **(needing, needed, needed)**
[자동사] 궁핍하다, ~할 필요가 없다
[타동사] 필요하다, 필요로 하다

pay ; **(paying, paid, paid)**
[자동사] 지불하다, 대금을 치르다, 대가를 치르다
[타동사] 치르다, 지불하다

7.1.1 동사가 사용된 현재시제의 문장

주어	동사	보어 or 목적어	목적어 or 목적보어	P
이 노트북은 아주 잘 팔려요.				
This laptop	**sells**	well.		1
회장님 말씀에 귀를 기울여 주세요.				
	Lend	an ear to the president.		3
그 사람들이 노트북을 만원에 빌려주고 있습니다.				
They	**lend**	a laptop for 10,000 won.		3
머리 깎아야겠어.				
I	**need**	a haircut.		3
난 네 도움이 필요해.				
I	**need**	your help.		3
돈이 더 필요해.				
I	**need**	more money.		3

휴가가 필요합니다.			
I	***need***	a vacation.	3
이 프로젝트를 위해서 당신이 필요합니다.			
I	***need***	you for this project.	3
조언이 필요합니다.			
I	***need***	some advice.	3
누군가 이야기할 사람이 필요합니다.			
I	***need***	someone to talk to.	3
전 직업이 필요합니다.			
I	***need***	to find a job.	3
지금 화장실에 가야 합니다.			
I	***need***	to go to the restroom now.	3
난 살 좀 빼야 돼.			
I	***need***	to lose weight.	3
네 머리를 빌려야겠어.			
I	***need***	to pick your brain.	3
오늘 밤에 네가 일찍 들어올 필요가 있어.			
I	***need***	you to come home early tonight.	5
너랑 거기 같이 갔으면 좋겠어.			
I	***need***	you to go there with me.	5
당신이 내 아기 좀 봐주었으면 합니다.			
I	***need***	you to watch my baby.	5
제 질문에 대답 좀 해주세요.			
You	***need***	to answer to my question.	3
당신이 결정을 내려야 합니다.			
You	***need***	to make a decision.	3

영어는 실제적인 연습을 해야 합니다.			
You	***need***	to practice English.	3
소파에 앉아서 TV만 보는 거 이제 그만 하는 게 좋겠어요.			
You	***need***	to stop being a coach potato.	3
우리 회사는 급여가 좋습니다.			
My company	***pays***	well.	1
난 월세로 50만원을 내고 있습니다.			
I	***pay***	500,000 won a month for this room.	3
난 일주일에 $1000를 받습니다.			
I	***am paid***	$1000 a week.	3
네 아빠 말 좀 들어.			
	Pay	attention to your father.	3

7.1.2 동사가 사용된 현재진행 시제의 문장

주어	동사	보어 or 목적어	목적어 or 목적보어	P
현금으로 하시겠어요, 카드로 하시겠습니까?				
Are you ***paying in***		cash or by credit card?		3
어머니는 항상 제게 칭찬을 하세요.				
My mom ***is*** always ***paying***		me complements.		4

7.1.3 동사가 사용된 과거 및 과거진행 시제의 문장

주어	동사	보어 or 목적어	목적어 or 목적보어	P
가방 부치셨습니까?				
Did you ***check***		your baggage?		3

그 도박은 성공했습니다.		
The gamble *paid off.*		1
아버지는 주택융자를 5년 후 다 갚았습니다.		
My father *paid off*	his mortgage after 5 years.	3

7.1.4 동사가 사용된 현재완료 및 과거완료 시제의 문장

주어	동사	보어 or 목적어	목적어 or 목적보어	P
아버지한테 차를 빌렸어요.				
My father	*has lent*	this car to me.		3
더 큰 것으로 살 걸 그랬나봐..				
I	*should have bought* a large one.			3

7.1.5 동사가 사용된 미래 및 미래진행 시제의 문장

주어	동사	보어 or 목적어	목적어 or 목적보어	P
나라면 안 바꿨을 거에요.				
I	*would not change* a thing.			3
카드로 계산하겠습니다.				
I	*will charge*	it.		3
전 언제나 돈보다는 사랑을 선택할겁니다.				
I	*would* always *choose* love over money.			3
저녁은 제가 사겠습니다.				
I	*will pay for*	the dinner.		3

넌 그 말에 대해 대가를 치를 거야.		
You **will pay for** that remark.		3
아마 항공사에서 변상할 것입니다.		
Maybe airline **will pay for** fixing it.		3
2차는 내가 낼께.		
I'**ll** **buy** the second round.		3

7.2 동사가 사용된 복문장(2개 이상으로 구성된 문장)

에어컨이 잘 돌아가는지 보는 게 좋겠어요.	You'**d** better **check** if the air conditioner **is working** well.
하던 일을 모두 멈추고 휴식을 취하는 게 좋겠어요.	You **need** to drop everything, **take** a break.
최대한 빨리 뛰세요.	You **need** to run as fast as you **can.**
선생님 말씀에 주의를 기울이지 않았어요.	I **did not pay** attention to what teacher **was saying.**
책 한 권을 구입할 때마다 보너스 포인트를 받게 됩니다.	Every time you **buy** a book, you **earn** bonus points.
히터가 잘 돌아가는지 점검해 보는 게 좋겠어요	You'**d** better **check** if the heater **is working** fine.
당신은 최대한 빠르게 뛰어야 합니다.	You **need** to run as fast as you **can.**

7.3 조동사가 사용된 문장

난 그냥 겁 먹었어요.	I *cannot choose* but laugh.
그 여자한테 꽃을 사 주세요.	Maybe you *could buy* her some flowers.
우리는 어떤 희생도 달게 받고, 어떤 짐도 짊어 지고, 어떤 어려움과 맞서며, 어떤 친구라도 돕고, 어떤 적들과도 싸울 것이다.	We *shall pay* any price, *bear* any burden, *meet* any hardship. *support* any friend, and *oppose* any foe. (* 문장이 5개로 구성)

7.4 동사가 사용된 의문문 문장

저한테 뭐 줄려고 샀어요?	What *did* you *buy* me?
그 여자한테 꽃을 왜 사줬니?	Why *did* you *buy* her flowers?
나한테 이 넥타이 사줄래?	*Will* you *buy* me this necktie?
펜을 좀 빌릴 수 있을까요?	*Could* I *borrow* your pen?
오늘 밤에 당신 차 좀 쓰면 안될까요?	*Can* I *lend* your car this evening?
제가 책을 빌려드릴까요?	May I *lend* the book?
도움이 필요하세요?	You *need* some help?
그 여자에게 집세 내셨어요?	*Have* you *paid* her the rent yet?
너는 Jane에게 왜 그 파란 바지 사줬어?	Why *did* you *buy* Jane those blue pants?
저 파란 드레스 나한테 사줄래?	*Will* you *buy* that blue dress for me?
너 나한테 이 블라우스 사줄래?	*Will* you *buy* this blouse for me?

당신 가게에서 라면 종류 팔지 않으시나요?	**Don't** you **sell** instant noodles?
펜을 좀 빌릴 수 있을까요?	**Could** I **borrow** your pen?
이번 주말에 잔디 깎는 기계를 좀 빌려 줄 수 있으세요?	**Can** you **lend** me your lawnmower this weekend?
저한테 오십 달러만 빌려주실 수 있으세요?	**Could** you **lend** me fifty dollars?
이 지폐를 잔돈으로 바꿔주시겠어요?	**Would** you please **change** this bill?
나라면 조금도 바꾸지 않겠어.	I **wouldn't change** a thing.
짐 가방 부쳤어?	**Did** you **check** your baggage?
Tom은 왜 프랑스 떠나는 걸 선택했을까?	Why **did** Tom **choose** to leave France?
너 보통 어느 것을 골라?	Which **do** you usually **choose**?
구토 봉투 필요하세요?	**Do** you **need** a barf bag?
당신 도움이 필요하세요?	**Do** you **need** a hand?
너 새 자전거가 필요하니?	**Do** you **need** a new bike?
타고 갈 차가 필요하세요?	**Do** you **need** a ride?
계란이 더 있어야 되나요?	**Do** you **need** more eggs?
너 내 도움이 필요한 거니?	**Do** you **need** my assistance?
그 여자 도움이 필요하지 않니?	**Don't** you **need** her help?
Jane이 네 도움을 필요로 해?	**Does** Jane **need** your help?
좀 도와줄까?	You **need** some help?
당신 지금 돈 좀 필요하지요, 그렇지 않으세요?	You **need** some money now, **don't** you?

Chapter 8.

'먹는 것'에 대한 표현

Chapter 8 '먹는 것'에 관한 표현

8.1 동사가 사용된 단문장 표현

drink ; **(drinking, drank, drunk)**
[자동사] 마시다, 건배하다
[타동사] 마시다, 흡수하다, 건배하다

eat ; **(eating, ate, eaten)**
[자동사] 먹다, 식사하다
[타동사] 먹다, 좀먹다

cook ; **(cooking, cooked, cooked)**
[자동사] 익다, 구워지다
[타동사] 요리하다, 꾸며대다

smoke ; **(smoking, smoked, smoked)**
[자동사] 연기가 나다, 담배를 피다
[타동사] 연기 나게 하다, 훈제하다, (담배 등을) 피다

smell ; **(smelling, smelled, smelled)**
[자동사] 냄새가 나다, 기미가 있다
[타동사] 향기로 알다, 냄새를 맡아내다

taste ; **(tasting, tasted, tasted)**
[자동사] 맛을 내다, 맛을 알다
[타동사] 맛보다, 시식하다

feed ; **(feeding, fed, fed)**
[자동사] (동물이)먹다, 먹이로 삼다(전치사 on을 포함하여)
[타동사] 먹을 것을 주다, (땔감, 연료)를 공급하다

8.1.1 동사가 사용된 현재시제의 문장

주어	동사	보어 or 목적어	목적어 or 목적보어	P
전 커피는 마시지 않습니다				
I	**don't drink**	coffee.		3
더운 날씨에는 물을 많이 드세요.				
In hot weather,	**drink**	plenty of water.		3
전 술을 안 해요.				
I	**don't drink.**			1
술 마시고 운전하지 마세요.				
	Don't drink and **drive.**			
인생을 망치지 말아야 합니다.				
	Don't drink away through your life.			3
그에겐 먹여 살려야 할 식구가 많습니다.				
He	**has**	a large family to feed.		3
당신은 건강식은 절대 안 드시는군요.				
You	**never eat**	health food.		3
당신은 중국요리를 참 잘 하시는군요.				
You	**cook**	Chinese food very well.		3
난 담배 안 펴.				
I	**don't smoke.**			1
아무 냄새도 안 나는데요.				
I	**don't smell**	anything.		3
냄새가 참 고약하군요.				
It	**smells**	awful.		2
맛있는 냄새가 나네요.				
It	**smells**	delicious.		2
냄새가 좋은데.				
It	**smells**	good.		2

썩은 고기 냄새가 나요.			
It	*smells*	like rotten meat.	2

냄새가 지독해요.			
It	*smells*	terrible.	2

냄새가 정말 끝내주는데!			
It	*smells*	wonderful!	2

이 과일은 망고 맛이 나요.			
This fruit *tastes*		like a mango.	2

설탕은 단맛을 냅니다.			
The sugar *tastes*		sweet.	2

이 우유가 쉬었어요.			
This milk *tastes*		sour.	2

8.1.2 동사가 사용된 현재진행 시제의 문장

주어	동사	보어 or 목적어	목적어 or 목적보어	P
저녁 먹는 중이에요.				
I	*am eating*	dinner.		3

8.1.3 동사가 사용된 과거 및 과거진행 시제의 문장

주어	동사	보어 or 목적어	목적어 or 목적보어	P
전 저녁을 안 먹어요.				
I	*didn't eat*	dinner.		3
너 한 시간 전에 먹었잖아				
You	just *ate*	an hour ago.		3

그 사람들은 생선회를 먹을 수가 없었습니다.

They	***couldn't eat***	the raw fish.		3

그 남자는 저녁 안 먹었대요.

He	***didn't eat***	dinner.		3

그 여자는 지난주에 채소를 안 먹었어요.

She	***didn't eat***	vegetables last week.		3

그들이 꾸민 계략이에요.

They	***cooked up***	a scheme.		3

전 바쁘게 저녁 요리를 하는 중이었어요

I	***was*** busy ***cooking***	the dinner.		3

8.1.4 동사가 사용된 현재완료 및 과거완료 시제의 문장

주어	동사	보어 or 목적어	목적어 or 목적보어	P

너 강아지한테 밥 줬지?

Have you ***fed***		the dog yet?		3

이탈리아 음식을 먹어본 적이 있어.

I	***have eaten***	Italian food.		3

8.1.5 동사가 사용된 미래 및 미래진행 시제의 문장

주어	동사	보어 or 목적어	목적어 or 목적보어	P

이탈리아 음식을 먹으려고 해요.

I	***will eat***	Italian food.		3

그 때 난 이탈리아 음식을 먹는 중일 거에요.

I	***will be eating***	Italian food	then.	3

8.2 동사가 사용된 복문장(2개 이상으로 구성된 문장)

내가 개에게 아무리 먹이를 주어도 개는 여전히 더 먹으려고 해	No matter how much I **feed** the dog, he still **wants** more.
술을 먹으면 먹을수록 그 여자는 말이 많아졌어요	The more she **drank**, the more talkative she **became.** (* the more talkative를 강조하기 위해 'she became the more talkative'를 도치)

8.3 조동사가 사용된 문장

난 생선회를 먹을 수가 없었어.	I **could not eat** the raw fish.
차라리 나가서 먹는 게 좋겠어요.	I **would** rather **eat** out.
그렇게 많이 먹지 말았어야 했는데.	I **shouldn't have eaten** that much.
우리 주말마다 닭고기를 구워 먹었으면 좋겠어요.	We **should eat** roast chicken every weekend.
채소를 더 먹는 게 좋겠어요.	You**'d** better **eat** more vegetables.
너무 많이 먹은 거 같아요.	I **must have eaten** too much.
내가 그때 정말 취했었나 봐.	You **must have been drunk**.
난 외식하고 싶은 편이야.	I**'d** rather **eat** out.
그렇게까지 많이 먹지는 말았어야 했는데.	I **shouldn't have eaten** that much.

너는 야채를 더 많이 먹어야만 해.	You**'d** better ***eat*** more vegetables.
나 많이 먹었나 봐.	You ***must have eaten*** a lot.
너는 틀림없이 베트남 음식을 먹어봤을 거야.	You ***must have eaten*** Vietnamese food.

8.4 동사가 사용된 의문문 문장

뭘 마시겠습니까?	What ***would*** you like to ***drink***?
아버지가 어제 밤에 밥을 드셨나요?	***Did*** your father ***eat*** rice last night?
저는 뭘 마실까요?	What ***shall*** I ***drink***?
그 남자는 왜 맥주를 마시면 안 된다는 거죠?	Why ***shouldn't*** he ***drink*** beer?
뭐 먹었니?	What ***did*** you ***eat***?
너 어제 밤에 뭘 먹고 있었니?	What ***were*** you ***eating*** last night?
무슨 일이니?	what**'s *eating*** you?
우리 저녁으로 뭘 먹을까?	What ***should*** we ***eat*** for dinner?
그 여자는 어떤 음식을 먹나요?	What kind of food ***does*** she ***eat***?
어젯밤에 라면 먹었어요?	***Did*** you ***eat*** ramen last night?
그래서 너 복숭아는 절대 안 먹어?	So, do you ***never eat*** peaches?
너 이번 주말에 스파게티와 피자를 좀 만들어 줄 수 있니?	***Can*** you ***cook*** some spaghetti and pizza this weekend?
당신은 얼마나 자주 저녁 밥을 하세요?	How often ***do*** you ***cook*** dinner?

그 여자는 왜 밤에 개한테 먹이를 줬대요?	Why *did* she *feed* the dogs at night?
내가 어떻게 배고프다는 삼십 명을 다 먹일 수 있을까요?	How *can* I *feed* thirty hungry mouths?
그 여자는 얼마나 자주 자기 개한테 먹이를 주나요?	How often *does* she *feed* her dog?

Chapter 9.

'사람들과의 관계'에 대한 표현

Chapter 9 '사람들과의 관계'에 관한 표현

9.1 동사가 사용된 단문장 표현

enjoy ; **(enjoying, enjoyed, enjoyed)**
[자동사] 즐기다
[타동사] 즐기다, 향락하다

play ; **(playing, played, played)**
[자동사] 놀다, 경기에 참가하다
[타동사] (연극을) 상연하다, 출연하다

like ; **(liking, liked, liked)**
[자동사] 마음에 들다, 마음이 내키다
[타동사] 좋아하다, 바라다

prefer ; **(preferring, preferred, preferred)**
[자동사] 없음
[타동사] 오히려 ~을 좋아하다, ~을 취하다

hate ; **(hating, hated, hated)**
[자동사] 없음
[타동사] 미워하다, 싫어하다

kiss ; **(kissing, kissed, kissed)**
[자동사] 입맞추다, 키스하다
[타동사] 입맞추다, 키스하다

meet ; **(meeting, met, met)**
[자동사] 만나다, 마주치다
[타동사] 마중 나가다, 만나다

laugh ; **(laughing, laughed, laughed)**
[자동사] (소리 내며) 웃다, 비웃다
[타동사] 웃으며 ~을 나타내다

smile ; **(smiling, smiled, smiled)**
[자동사] 웃다, 미소 짓다
[타동사] 웃음을 짓다, (~하게)웃다

sing ; **(singing, sang, sung)**
[자동사] 새가 노래하다, 지저귀다
[타동사] (노래를) 부르다, 지저귀다

cry ; **(crying, cried, cried)**
[자동사] 울다, 울부짖다
[타동사] 외치다, 큰소리로 부르다

jog ; **(jogging, jogged, jogged)**
[자동사] 조깅하다
[타동사] 치다, 건드리다

win ; **(winning, won, won)**
[자동사] 이기다, 승리하다
[타동사] 이기다, 획득하다

touch ; **(touching, touched, touched)**
[자동사] 접촉하다, 손을 대다
[타동사] 대다, 건드려보다

toss ; **(tossing, tossed, tossed)**
[자동사] 동요하다, 흔들리다
[타동사] 던지다, 뒤척이다

beat ; **(beating, beat, beaten)**
[자동사] 두드리다, 심장이 뛰다
[타동사] 길을 내다, 닦다

care ; **(caring, cared, cared)**
[자동사] 걱정하다, 배려하다
[타동사] 걱정하다, 신경 쓰다

cut ; **(cutting, cut, cut)**
[자동사] 베다, 절단하다
[타동사] 자르다, 깎다

hide ; **(hiding, hid, hidden)**
[자동사] 숨다, 잠복하다
[타동사] 가리다, 숨기다

help ; **(helping, helped, helped)**
[자동사] 돕다, 거들다
[타동사] 도와주다, 가져가다

hit ; **(hitting, hit, hit)**
[자동사] 때리다, 치다
[타동사] 때리다, 치다

join ; **(joining, joined, joined)**
[자동사] 합쳐지다, 연결하다
[타동사] 함께하다, 합류하다

hold ; **(holding, held, held)**
[자동사] 버티다, 견디다
[타동사] 쥐다, 견디다

hurt ; **(hurting, hurt, hurt)**
[자동사] 마음이 상하다, 감정이 상하다
[타동사] 피해를 보다

strike ; **(striking, struck, struck)**
[자동사] 공격하다, 파업하다
[타동사] 치다, 발견하다

clean ; **(cleaning, cleaned, cleaned)**
[자동사] 깨끗해지다, 청소되다
[타동사] 다듬다, 닦다

wash ; **(washing, washed, washed)**
[자동사] 세수하다, 목욕하다
[타동사] ~을 휩쓸고 가다

sweep ; **(sweeping, swept, swept)**
[자동사] 쓸다, 청소하다
[타동사] 쓸다, 휩쓸고 가다

become ; **(becoming, became, become)**
[자동사] ~이 되다
[타동사] ~에 알맞다, 어울리다

9.1.1 동사가 사용된 현재시제의 문장

주어	동사	보어 or 목적어	목적어 or 목적보어	P
즐거운 식사 되세요!				
	Enjoy	the meal!		3
즐거운 시간 되세요!				
	Enjoy	yourself!		3
우리 아이는 매일 매일 강아지랑 놀아요.				
My baby	*plays with*	her pet every day.		3
당신은 농구를 참 잘하는군요.				
You	*play*	basketball very well.		3
너 카드 놀이를 잘 하는구나.				
You	*play*	cards very well.		3
전 바이올린 연주를 잘 합니다.				
I	*play*	the violin well.		3
내 동생은 비디오게임을 잘해.				
My brother	*plays*	video games very well.		3
저의 아버지는 농사를 좋아하세요.				
My father	*likes*	farming.		3
저의 엄마는 스페인어를 훨씬 더 좋아하세요.				
My mother	*likes*	Spanish much better.		3
전 탁 트인 곳이 좋아요.				
I	*like*	the open space.		3
할아버지는 전원 생활을 좋아하세요.				
My grandfather	*likes*	the rural life.		3
그 남자는 으스대기를 좋아해요.				
He	*likes*	to show off.		3

난 좋아

| I | like | it. | 3 |

우리 아빠는 새로운 것에 도전하는 것을 좋아하세요.

| My father **likes** | challenging new things. | 3 |

엄마는 요리보다 피아노 연주를 더 좋아하세요.

| My mom **likes** | playing the piano more than cooking. | 3 |

난 이효리보다 김태희가 좋아.

| I | like | Kimtaehee better than Hyoree. | 3 |

누나는 여름보다 가을을 좋아해.

| My sister **likes** | fall better than summer. | 3 |

전 집에 있는 것보다 나가는 걸 좋아해요.

| I | like | going out more than staying home. | 3 |

난 친구들과 노는 게 더 좋아.

| I | like | going out with my friends. | 3 |

전 독서를 좋아합니다.

| I | like | reading. | 3 |

난 춤보다는 노래가 좋습니다.

| I | like | singing more than dancing. | 3 |

먹는 거 보다 자는 게 좋아

| I | like | sleeping more than eating. | 3 |

난 인터넷에서 채팅 하는 걸 좋아해요.

| I | love | chatting on the internet. | 3 |

선생님은 추리소설을 좋아하세요.

| My teacher **loves** | mystery novels. | 3 |

넌 밤 늦게까지 있는 걸 좋아하는구나.

| You | love | staying up late night. | 3 |

넌 호수에서 수영하는 걸 좋아하는구나.			
You	*love*	swimming in the lake.	3
엄마는 숲 속 걷는 것을 좋아하세요.			
My mom	*loves*	walking in the forest.	3
내 여자친구는 공포영화를 좋아해.			
My girlfriend	*loves*	horror movies.	3
난 파란색보다 노란색이 좋아.			
I	*prefer*	yellow color to blue.	3
난 사람들 많은 게 싫어.			
I	*hate*	crowds.	3
우리 아들은 시금치를 싫어해요.			
My son	*hates*	spinach.	3
난 그 노래가 싫어.			
I	*hate*	that song.	3
전 이런 날씨가 싫어요.			
I	*hate*	this weather.	3
그 사람들은 만나기만 하면 싸워요.			
They	*never meet*	without quarreling.	1
그녀가 날 보면서 웃고 있어요.			
She	*laughs*	watching me.	1
그가 여자친구를 생각하면서 미소를 짓습니다.			
He	*smiles* thinking of his girlfriend.		1
난 공공장소에서는 절대로 노래 안 해.			
I	*never sing*	in public.	1
눈물이 난다.			
I	*cry*	the tear.	3

일이 그럭저럭 진척되고 있습니다. Matters **jog** along somehow.		1
당신이 이겼어요! You **win!**		3
전 술 안 해요. I **don't touch** the liquor.		3
섞일 때까지 저어 주세요. **Beat** until blended.		1
달걀과 설탕을 섞어 주세요. **Beat in** egg and sugar.		1
전 상관 안 해요. I **don't care.**		1
이 칼이 잘 안 드네. This knife **doesn't cut** well.		1
종이는 잘 잘려요. The paper **cuts** well.		1
번개가 나무를 쳐요. The lightning **strikes** the wood.		3
아빠가 설거지를 하세요. My father **washes** the dishes.		3
당신한테는 짧은 머리가 어울려요. Short hair really **becomes** you.		2

9.1.2 동사가 사용된 현재진행 시제의 문장

주어	동사	보어 or 목적어	목적어 or 목적보어	P
나 좀 튕기는 중이야.				
I	**am playing**	hard to get.		1

9.1.3 동사가 사용된 과거 및 과거진행 시제의 문장

주어	동사	보어 or 목적어	목적어 or 목적보어	P
밤 새 뒤척였어.				
I	**tossed** and **turned**	all night.		1
그거 건드리지도 않았어.				
I	**didn't** even **touch**	it.		3

9.1.4 동사가 사용된 현재완료 및 과거완료 시제의 문장

주어	동사	보어 or 목적어	목적어 or 목적보어	P
그 사람들 두 시간째 키스하고 있어요.				
They	**have been kissing**	for two hours.		1
(* They are kissing ~ 에서 'are'를 현재완료 have + been으로 바꾼 현재완료 진행형임)				
Jane은 바이올린을 연주해 본 적이 없어.				
Jane	**hasn't played**	the violin.		3
Jane은 Tom을 처음 봐요.				
Jane	**hasn't met**	Tom before.		3

9.1.5 동사가 사용된 미래 및 미래진행 시제의 문장

주어	동사	보어 or 목적어	목적어 or 목적보어	P
Jane이 바이올린을 연주할 거에요.				
Jane	**will play**	the violin.		1
Jane이 바이올린을 연주하는 중일 거에요.				
Jane	**will be playing**	the violin.		3

9.2 동사가 사용된 복문장(2개 이상으로 구성된 문장)

난 농구보다 요리가 더 좋아.	I *like* cooking more than playing basketball.
난 Tom보다 Jane이 좋아.	I *like* Jane better than Tom.
전 여름보다 가을이 더 좋아요.	I *like* fall better than summer.
집에 있는 것보다 밖에 나가는 걸 더 좋아해요.	I *like* going out more than staying home.
난 텔레비전 보는 것보다 조깅하는 게 더 좋아요.	I *like* jogging more than watching television.
전 해변보다 산을 더 좋아해요.	I *like* mountains better than beaches.
전 경제학보다는 심리학이 더 좋습니다.	I *like* psychology better than economics.
난 춤추는 것보다 노래하는 것이 더 좋습니다.	I *like* singing more than dancing.
네 아이디어가 Tom거보다 좋아.	I *like* your idea better than Tom's.
당신 생각이 뭔지 듣고 싶어요.	I'*d like* to hear what you think.
난 그이가 그럴 때가 제일 좋아.	I *love* it when he *do*es that.

난 당신이 그럴 때가 제일 좋아.	I *love* it when you *do* that.
난 당신이 그런 말을 할 때마다 참 좋아	I *love* it when you *say* that.
그녀를 사랑하지만 떠나야했어.	Though I *love* her, I *had* to leave.
당신이 경쟁에서 이기고 지는 것은 얼마나 당신이 그 프로젝트를 위해 노력하느냐에 달려 있습니다.	Whether you *win* the competition or not, *depends* on how much efforts you'*ll put on* the project. (* whether ~ 이하 문장 자체가 depends의 주어로 사용된 것으로 3개의 문장으로 구성)

설령 이것을 세탁해도 이것이 깨끗해지지 않을 것으로 생각해.	Even if I *wash* this,
	  I *don't think*
	    it'*ll get* clean.

파운드(#) 키를 누르면 서비스를 받을 수 있게 됩니다.	This service *will become* active only when you *press* the pound key.
내가 배용준을 만난 적이 있어요, 우리는 아주 오랫동안 알고 지내왔거든요.	I *have met* Baeyongjoon we *have* known each other for a long time.
그녀를 사랑하지만 떠나야 했어.	Though I *love* her, I *had* to leave.

9.3 조동사가 사용된 문장

나에게도 방법이 있어요.	Two **can play** at that game.
그를 만나지 말았어야 했어요.	I **shouldn't have met** him.
너 그 남자를 전에 만났던 것이 분명해.	You **must have met** him before.
술을 줄여야겠어요.	I **should cut** down on my drinking
어쩔 수 없었어.	It **can't be helped**. I **can't help** it.
나는 웃지 않을 수 없어.	I **can't help** laughing.
우리가 서로 돕는 게 좋겠어요.	We'**d** better **help** one another.
너는 Tom을 도와 줄 수 있을 거야.	Perhaps you **could help** Tom.
사람을 때리지 말아야 해.	You **shouldn't hit** people.

9.4 동사가 사용된 의문문 문장

너 나랑 카드놀이 언제 할래?	When **are** you **playing** cards with me?
너 비디오게임 언제 할 거야?	When **are** you **playing** the video game?
얼마나 자주 운동하세요?	How often **do** you **play**?
테니스와 라켓볼 중 어느 쪽을 더 잘 하세요?	Which **do**es he **play** better, tennis or racquetball?
니네랑 농구 같이 해도 되니?	**Can** I **play** basketball with you?
이 여자애가 첼로 연주 잘해?	**Does** this girl **play** the cello well?
봄하고 가을 중에 어느 게 더 좋으세요?	Which **do** you **like** better, spring or fall?

빨간 것과 파란 것 중에 어느 쪽을 좋아하세요?	Which *do* you *like* better, the red or the blue one?
어느 게 더 마음에 들어? 이것, 아니면 저것?	Which *do* you *like* better, this or that?
그거 마음에 들었어?	How *did* you *like* it?
너 Jane 어때?	How *do* you *like* Jane?
제 남자 친구 어떠세요?	How *do* you *like* my boyfriend?
우리 부모님 어떠세요?	How *do* you *like* my parents?
제가 만든 다음 분기 마케팅계획서 어떻게 생각하세요?	How *do* you *like* my report on the marketing plan for the next quarter?
우리 누나 어떠세요?	How *do* you *like* my sister?
Jazz 음악 어때요?	How *do* you *like* Jazz music?
그 영화 어땠어요?	How *do* you *like* the movie?
최근 소개된 성과평가시스템 어떻다고 생각하세요?	How *do* you *like* the newly introduced performance evaluation system?
최근 발표된 상위 버전 어떠세요?	How *do* you *like* the newly released updated version?
여기 날씨가 어떤가요?	How *do* you *like* the weather here?
여기가 어떻게, 맘에 드세요?	How *do* you *like* this new place?
직장동료들에 대해 어떻게 생각하세요?	How *do* you *like* your co-workers?
직업 환경은 어때요, 맘에 드세요?	How *do* you *like* your working environment?
저거 어때?	How *would* you *like* that?
현금을 어떻게 드릴까요?	How *would* you *like* your money?
어떤 음식을 좋아하세요?	What kind of food *do* you *like*?

어떤 음악 듣는 거 좋아하세요?	What kind of music **do** you **like** to listen to?
어떤 스포츠를 좋아하세요?	What kind of sporting event **do** you **like?**
어떤 선생님이 되고 싶으세요?	What kind of teacher **would** you **like** to be?
넌 그 분의 계획이 왜 좋은데?	Why **do** you **like** his plan?
한 잔 하실라우?	**Would** you **like** a drink?
간식 먹을래?	**Would** you **like** a snack?
한 잔 더 드실라우?	**Would** you **like** seconds?
과일 좀 드시겠어요?	**Would** you **like** some fruits?
뭐 특별한 걸 원하시나요?	**Would** you **like** something special?
마실 것 좀 드시겠어요?	**Would** you **like** something to drink?
영화 보러 가시겠어요?	**Would** you **like** to go to the movies?
영화 보러 가지 않을래?	Why **don't** you **go** to the movies?
극장 가는 게 더 좋지?	You'**d** better **go** to the movies?
저와 함께 연주회 가실래요?	**Would** you **like** to go to the concert with me?
소개팅 해드릴까요?	**Would** you **like** to have a blind date?
애완견을 기르시겠습니까?	**Would** you **like** to have a pet dog?
산책 하시겠어요?	**Would** you **like** to take a walk?
일본음식 좀 드실래요?	**Would** you **like** to try some Japanese food?
Tom이 라면 종류 좋아하니?	**Does** Tom **like** instant noodles?
Jane이 한국 음식 좋아하니?	**Does** Jane **like** Korean food?
Tom이 공포영화 좋아하니?	**Does** Tom **like** horror movies?

네 딸이 새 휴대폰 좋대?	**Does** your daughter **like** her new cell phone?
네 개가 새 집을 좋아하니?	**Does** your dog **like** his new house?
그녀는 어떤 음식을 좋아해요?	What kind of food **does** she **like**?
넌 어떤 음악 좋아하니?	What kind of music **do** you **love**?
저 남자가 우리 누나 사랑한대?	**Does** that man **love** my sister?
누굴 사랑해 본 적 있어요?	**Have** you ever **loved** someone?
어느 쪽이 더 좋아?	Which **do** you **prefer**?
넌 왜 오래된 거 좋아하니?	Why **do** you **prefer** the older one?
그녀는 어떤 음식을 더 좋아해요?	What kind of food **does** she **prefer**?
당신은 어떤 스타일을 싫어하나요?	What kind of styles **do** you **hate**?
왜 나한테 키스했어요?	Why **did** you **kiss** me?
네 상사와 만나지 않았어?	**Didn't** you **meet with** your boss?
너 어제 밤에 누구 만났니?	Who **did** you **meet** last night?
너 Tom 언제 만날 거야?	When **are** you **meeting** Tom?
두 분은 어떻게 만났어요?	How **did** you two **meet**?
우리 다른 날 만나면 어떨까요?	Why **don't** we **meet** another day?
너는 왜 네 친구들 안 만나니?	Why **aren't** you **meeting** your friend?
전에 우리가 만난 적이 있나요?	**Have** we ever **met** before?
Jane하고 서로 인사 하셨어요?	**Have** you **met** Jane?
Tom과 인사 나누셨나요?	**Have** you **met** Tom?
우리 형하고 만난 적 있나요?	**Have** you **met** my brother?
저 남자 왜 나 보고 웃지?	Why **is** the man **laughing at** me?
다같이 노래 부르지 않을래?.	Why **don't** we **sing** together?

왜 울고 있나요?	Why **are** you **crying**?
네 누이동생들이 왜 지금 울고 있니?	Why **are** your sisters **crying** now?
커피 한잔 더 드실라우?	**Would** you **care** for another cup of coffee
누구야 방귀 뀐 게?	Who **cut** the cheese?
너 왜 날 도와줬니?	Why **did** you **help** me **out**?
너희 삼촌들이 너희 아버지 도와드리지 않았어?	**Didn't** your uncles **help** your father?
상 차리는 것 좀 도와줄래?	**Will** you **help** me set the table?
제가 도와 드릴 수 있을까요?	**Can** I **help** you?
제가 도와 드릴까요?	**May** I **help** you?
내가 너한테 뭘 도와줄까?	What **can** I **help** you **with**?
우리가 저 여자를 왜 도와야 되지?	Why **should** we **help** the lady?
너 이번 주말에 이사 가는 거 좀 도와 줄 수 있니?	**Can** you **help** me move this weekend?
저를 좀 도와주실 수 있으세요?	**Could** you **help** me out?
엘리베이터 좀 잡고 있을래요?	**Will** you **hold** the elevator for me?
양파는 빼고 주시겠어요?	**Can** you **hold** the onions, please?
죄송하지만 엘리베이터 문 좀 잡아 주시겠습니까?	**Would** you please **hold** the elevator for me?
가서 보는 것 정도야 괜찮겠지?	It **wouldn't hurt** to go look?
그 사람 인상 어땠어?	How **did** he **strike** you?
어디서 손을 씻을 수 있을까요? (화장실이 어디에 있지요?)	Where **can** I **wash** my hands?

화장실이 어디에 있지요?	Where *is the* restroom? *Can* I *ask* Where the restroom *is*?

Chapter 10.

'감성적인 것'에 대한 표현

Chapter 10 '감성적인 것'에 관한 표현

10.1 동사가 사용된 단문장 표현

hear ; **(hearing, heard, heard)**
[자동사] 듣다, 들리다
[타동사] 들리다, 듣다

listen ; **(listening, listened, listened)**
[자동사] 듣다, 귀를 기울이다
[타동사] 경청하다, 귀를 기울이다

sleep ; **(sleeping, slept, slept)**
[자동사] 자다
[타동사] 자다, 재우다

wake ; **(waking, waked, waked)**
[자동사] 깨다, 깨우다
[타동사] 깨우다, 각성시키다

dance ; **(dancing, danced, danced)**
[자동사] 춤추다, 날뛰다
[타동사] 춤을 추다, 춤추게 하다

toss ; **(tossing, tossed, tossed)**
[자동사] 없음
[타동사] 던지다, 고개를 젖히다

twist ; **(twisting, twisted, twisted)**
[자동사] 구불구불하다, 감다
[타동사] 구부리다, 돌리다, 두르다

exercise ; **(exercising, exercised, exercised)**
[자동사] 연습하다, 운동하다
[타동사] 운동시키다, 훈련시키다

lay ; **(laying, laid, laid)**
[자동사] 없음
[타동사] 놓다, 알을 낳다

ring ; **(ringing, rang, rung)**
[자동사] 전화가 울리다, 소리가 울려 퍼지다
[타동사] 둘러싸다, ~을 끼우다

roll ; **(rolling, rolled, rolled)**
[자동사] 구르다
[타동사] 굴리다, 회전시키다

rain ; **(raining, rained, rained)**
[자동사] 비가 오다, ~이 비오듯 하다
[타동사] 비를 내리다, ~의 비를 내리게 하다

attend ; **(attending, attended, attended)**
[자동사] 주의를 기울이다,
[타동사] 다니다, 수행하다

bet ; **(betting, bet, bet)**
[자동사] 내기를 하다
[타동사] 돈을 걸다

break ; **(breaking, broke, broken)**
[자동사] 벗어나다, 알려지다
[타동사] 부수다, 깨다, 부서뜨리다, 개척하다

save ; **(saving, saved, saved)**
[자동사] 저금하다, 돈을 모으다
[타동사] 모으다, 구하다

spare ; **(sparing, spared, spared)**
[자동사] 절약하다, 아끼다
[타동사] 용서하다, 아끼다

spend ; **(spending, spent, spent)**
[자동사] 낭비하다, 돈을 쓰다
[타동사] 노력 등을 들이다, 소비하다

try ; **(trying, tried, tried)**
[자동사] 해보다, 노력하다
[타동사] 노력하다, 힘쓰다

wear ; **(wearing, wore, wore)**
[자동사] 닳아 떨어지다, 해지다
[타동사] 만들다, 일으키다

10.1.1 동사가 사용된 현재시제의 문장

주어	동사	보어 or 목적어	목적어 or 목적보어	P
저도 같은 생각이에요.				
I	*hear*	you.		3
끝까지 들어봐 주세요.				
Please	*hear*	me *out.*		3

전 라디오를 매일 들어요.

| I **listen to** the radio every day. | 3 |

그 여잔 남의 말은 절대 안 들어요.

| She never **listens to** people. | 3 |

당신은 내 말을 절대 듣지 않는군요.

| You **never listen to** me. | 3 |

잠 깨!

| **Wake up**! | 1 |

난 잠에서 깨면서 그 여자를 찾아.

| I **wake up** to find her. | 3 |

뻐꾸기는 다른 새의 둥지에 알을 낳습니다.

| The cuckoo **lays** the eggs in other bird's nests. | 3 |

소매를 말아 올리세요.

| **Roll** up your sleeves. | 3 |

비가 엄청나게 오네.

| It **rains** dogs and cats. | 1 |

우리는 같은 교회 다니는데요.

| We **attend** the same church. | 1 |

젊은 사람들은 속도를 어겨.

| Young people **break** the speed limit. | 3 |

일부의 사람들이 예약을 취소하지 않고 있어요.

| Some people **don't cancel** the reservation. | 3 |

방해하지 마세요!

| **Do not disturb**! | 1 |

책상 위에 내 서류들을 흩뜨리지 말아 주세요.

| **Don't disturb** my papers on the desk. | 3 |

높은 콜레스테롤은 심장마비의 원인이 됩니다.		
Too much cholesterol **cause** a heart attack.		3
겨울엔 빨리 어두워져요.		
Darkness **falls** quickly in winter.		1
너 혹시 이 남자 이름 모르겠지.		
You **don't happen** to know this guy.		3
나한테 먹을 거 좀 남겨 주세요.		
Save me some food.		4
그들한테 항상 시간을 내고 있어요.		
I always **spare** the time for them.		3
우리는 늘 주말을 함께 보내요.		
We **spend** every weekend together.		1
대통령께 연락하려고 합니다.		
I **try** to contact the President.		3
마감을 지키려고 합니다.		
I **try** to locate the file.		3
I **try** to meet the deadline.		
입어 보세요! (시도해 보세요)		
Try it!		3
네 사업을 한번 해 봐!		
Try your hand at business!		3
그 사람은 성공을 위해 노력을 많이 해요.		
He **tries** very hard to succeed.		1
배용준은 항상 노란색을 입습니다.		
Baeyoungjoon always **wears** yellow.		3
그 사람은 머리가 항상 길어요.		
He always **wears** his hair long.		3

10.1.2 동사가 사용된 현재진행 시제의 문장

주어	동사	보어 or 목적어	목적어 or 목적보어	P
우리는 운동을 같이 하려고 해요.				
We'**re**	**exercising**	together.		1
(* 현재 진행형은 가까운 미래를 위한 표현으로 흔히 사용된다)				
우리한테 시간이 좀 있어요.				
We'**re**	**spending**	some time apart.		3
우리는 지금 답을 찾으려고 노력하고 있는 중이에요.				
We'**re**	**trying**	to find the answer.		3
Jane은 살을 빼려고 노력 중이에요.				
Jane'**s**	**trying**	to lose weight.		3
Tom이 자기 컴퓨터를 고치려고 애쓰고 있어요.				
Tom'**s**	**trying**	to fix his computer.		3
난 착하게 살려고 노력하는 중이야.				
I'**m**	**trying**	to be good.		3
전 더 주의하려고 노력하고 있어요.				
I'**m**	**trying**	to be more careful.		3
난 더 열심히 공부하려고 애쓰고 있어요.				
I'**m**	**trying**	to study harder.		3
그냥 도와 드리려고 하는 것뿐이에요.				
I'**m** just **trying**		to help you.		3
나는 지금 집중 좀 하려고 하고 있어요..				
I'**m**	**trying**	to concentrate here.		3
나는 Jane과 대화를 시도하려고 노력하고 있어..				
I'**m**	**trying**	to talk to Jane.		3
난 그 남자와 통화하려고 애쓰고 있는 중이에요.				
I'**m**	**trying**	to call him.		3

주어	동사	보어 or 목적어	목적어 or 목적보어	P
나 직장을 구하려고 노력하는 중이야.				
I'm	trying	to get a job.		3

10.1.3 동사가 사용된 과거 및 과거진행 시제의 문장

주어	동사	보어 or 목적어	목적어 or 목적보어	P
아주 잘 잤어요.				
I	slept	like a dog.		1
네가 억지로 시켰잖아. (네가 내 팔을 비틀었잖아)				
You	twisted	my arms.		3

10.1.4 동사가 사용된 현재완료 및 과거완료 시제의 문장

주어	동사	보어 or 목적어	목적어 or 목적보어	P
난 그 영화에 대해 좋은 얘기를 들어 오고 있어요.				
I	have been hearing	good things about that movie.		3
난 그 사람에 대한 소문을 들어 오고 있어요.				
I	have been hearing	rumors about him.		3
전 당신에 대한 얘기를 지금까지 들어오고 있어요.				
I	have been hearing	things about you.		3
당신에 대해서 얘기 많이 들었습니다.				
I	have heard	a great deal	about you.	3

10.1.5 동사가 사용된 미래 및 미래진행 시제의 문장

주어	동사	보어 or 목적어	목적어 or 목적보어	P
내가 계산할께.				
I	will ring	it up	for you.	3

10.2 동사가 사용된 복문장(2개 이상으로 구성된 문장)

우리나라가 틀림없이 이겨. (한국이 이기는데 내가 걸지)	I **bet** Korea **win**.
이사 하신다고 들었습니다.	I **heard** you **are moving** .
소문을 통해 들었습니다.	I **heard** it **through** the grape vine.
당신이 이겼다고 들었습니다.	I **heard** you **won**.
만일 비가 오면 우리는 계획을 다시 세워야 합니다.	If it **rains**, we **will** just **have** to reschedule it.
설령 비가와도 그래도 우리는 갑니다.	Even if it **rains**, we'**re** still **going**.
나쁜 일은 한꺼번에 생긴다.	It **never rains** but it **pours**.
내 생각엔 분명히 Tom이 열쇠를 가지고 있을 거야. (Tom이 해결책을 갖고 있는 것에 내가 걸지)	I **bet** Tom **has** the keys.

그들이 답을 찾지 못한 것이 확실해요.	I **bet** they **didn't find** the answer.
분명히 당신이 이길 겁니다.	I **bet** you**'ll win**.

10.3 조동사가 사용된 문장

그 사람 말을 들었어야 했어.	I **should have listened** to him.
네 말을 들었어야 했어.	I **should've listened** to you.
넌 너무 많이 잔 게 틀림없어.	You **must have slept** too much.
그녀를 깨워서는 안 됩니다.	You **mustn't wake** her up.
그녀는 춤 잘 춰. 그는 몸치야.	She **can dance** well. He can't dance.
그녀를 방해해서는 안 됩니다.	You **mustn't** (must not) **disturb** her.
누구라도 그녀한테 반할 겁니다.	Anyone **would fall** for her.
당신은 나를 위해 시간을 좀 내줄 수 있잖아요.	You **can spare** some time for me.

10.4 동사가 사용된 의문문 문장

지난 수요일에 교회 나온 사람이 몇 명이었어요?	How many people **attended** church last Wednesday?
마일즈 데이비스의 연주를 들어 본 적이 있습니까?	**Have** you ever **listened** to anything by Miles Davis?
잘 못 잤어?	**Didn't** you **sleep** well?
하룻밤 생각해 보지 그래?	Why **don't** you **sleep** on it?

우리 춤 추실까요?	**Shall** we **dance**?
평소에 운동하세요?	**Do** you ever **exercise**?
소매 좀 걷어 주시겠어요?	**Would** you please **roll** up your sleeves?
그래서 그녀랑 헤어지려고 그래?	So **are** you **breaking** up with her?
부작용은 없나요?	**Couldn't** it **cause** side effects?
세상에 당신을 여기서 만나게 되다니?	What in the world **happened** to meet you here?
무슨 일 있으세요?	What **happened** to you?
그 밖에 무슨 일이 있었지요?	What else **happened**?
어떻게? 무슨 일 있었어?	How come? What **happened**?
이 테이블 좀 맡아줄래?	**Will** you **save** this table for me?
너 이번 주말에 날 위해서 시간 좀 내 줄 수 있니?	**Can** you **spare** some time for me this weekend?
휴가를 어떻게 보냈어요?	How **did** you **spend** your vacation?
이것 입어봐도 됩니까?	**Can** I **try** this on?
어디에서 갈아입어 보나요??	Where **can** I **try** this one?
중국음식 먹어 본 적 있니?	**Have** you ever **tried** Chinese food?
그 여자 마음에 들려고 애쓰고 있구나, 그렇지?	You're **trying** to impress her, right?
우리는 뭘 입어야 되지요?	What **should** we **wear**?
너는 왜 재킷을 왜 안 입었어?	Why **aren't** you **wearing** a jacket?

Chapter 11.

'다른 행동을 유발시키는 것'에 대한 표현

Chapter 11 '다른 행동을 유발시키는 것'에 관한 표현

11.1 동사가 사용된 단문장 표현

make ; **(making, made, made)**
[자동사] 없음
[타동사] 만들다, 정리하다

let ; **(letting, let, let)**
[자동사] 세 놓아지다, 세들 사람이 있다
[타동사] ~에게 ~을 시키다, ~하게 해주다

have ; **(having, had, had)**
[자동사] 없음
[타동사] 가지고 있다, 소유하다

get ; **(getting, got, got)**
[자동사] 이르다, 도달하다
[타동사] 얻다, 입수하다

take ; **(taking, took, taken)**
[자동사] 성공하다, 효과가 있다
[타동사] 실시하다, 타다

give ; **(giving, gave, given)**
[자동사] 양보하다, 굽히다
[타동사] 건네주다, 제공하다

set ; **(setting, set, set)**
[자동사] 지다, 저물다
[타동사] 놓다, 정리하다

put ; **(putting, put, put)**
[자동사] 전진하다, 향하다
[타동사] 놓다, 두다

hang ; **(hanging, hung(hanged), hung(hanged))**
[자동사] 내려오다, 처하다
[타동사] 걸다, 달다

keep ; **(keeping, kept, kept)**
[자동사] 있다, ~하다.
[타동사] 보유하다, 맡아두다

seem ; **(seeming, seemed, seemed)**
[자동사] ~처럼 보이다, 보기에 ~하다
[타동사] 없음

11.1.1 동사가 사용된 현재시제의 문장

주어	동사	보어 or 목적어	목적어 or 목적보어	P
수다 떨지 마!				
	Don't make	a fuss!		3
소란 피우지 마세요!				
	Don't make	a scene!		3
될 수 있으면 여행을 많이 다니세요.				
	Make	as many trips as possible.		3
꼭 정각에 오도록 하세요.				
	Make	sure to show up on time.		3

일리가 있군요.
| It(that) | ***makes*** | sense. | 3 |

사장이 그녀에게 인상을 썼어요.
| The boss ***makes*** | a face at her. | 3 |

저한테는 아무 상관이 없습니다.
| It | ***doesn't make*** | any difference to me. | 3 |

도무지 말이 되지 않잖아요.
| It | ***doesn't make*** | any sense. | 3 |

맛있어요.
| It | ***makes*** | a good meal. | 3 |

이 음식이 군침을 돌게 하네요.
| This food ***makes*** | me | drool. | 5 |

나 좀 보내줘!
| | ***Let*** | (me) | go! | 5 |

그것을 들어가게 놔둬.
| | ***Let*** | it | in. | 5 |

사람들을 내보내.
| | ***Let*** | the people | out. | 5 |

우리 사귀자.
| | ***Let***'s (let us) | | go steady. | 5 |

(* 'Let's = Let us 이므로 목적어 us는 편의상 분리하지 않음
 'go'는 'to go'라고 해야 하나 let 동사 뒤에서는 'to'를 생략함
 따라서 'go' 부정사 위치가 보어의 자리에 와야 하지만 뒤에 따라 오는
 단어의 길이가 길어 편의상 목적어에 위치함)

서로에게 잘 대해 줍시다.
| | ***Let***'s | be nice to each other. | 5 |

오늘은 그만 하자구요
| | ***Let***'s | call it a day. | 5 |

그걸 지금 하자
Let's do it now. 5

밤새도록 한잔 하자.
Let's drink night away. 5

오늘 밤은 외식하자.
Let's eat out tonight. 5

어서 하자구.
Let's get going. 5

본론으로 들어갑시다.
Let's get to the point. 5

같이 한잔 합시다.
Let's get together for a drink. 5

뭐 좀 먹읍시다.
Let's get something to eat. 5

우리 언제 한번 모이자구요.
Let's get together some time. 5

갑시다!
Let's go! 5

볼링 하러 가자.
Let's go bowling. 5

가서 먹을 걸 좀 사자.
Let's go buy some food. 5

울타리를 고치러 가자.
Let's go fix the fence. 5

가서 회의를 합시다.
Let's go to have a meeting. 5

그 시합 보러 가자.

Let's go to watch the game. 5

터 놓고 이야기 합시다.			
	Let's	have a heart-to-heart talk.	5
공원에 산책 갑시다.			
	Let's	have a walk at the park.	5
저녁으로 한국음식을 먹읍시다.			
	Let's	have Korean food for dinner.	5
감자튀김을 먹읍시다.			
	Let's	have some more French fries.	5
그냥 택시 타고 갑시다.			
	Let's	just take a taxi.	5
우리 조금씩 양보 합시다.			
	Let's	have meet halfway.	5
우리 그 얘기 하지 맙시다.			
	Let's	not talk about it.	5
표결에 붙입시다.			
	Let's	put it a vote.	5
날짜를 정하자구요.			
	Let's	set a date.	5
잠깐 쉬었다 합시다.			
	Let's	take a break.	5
그것에 대해 얘기해 봅시다.			
	Let's	talk it over.	5
두고 보자.			
	Let's	wait and see.	5
나도 오늘은 참아야지.			
Me, too	***let***'s	call it a day.	5
나를 실망시키지 마요.			
	Don't let	me down.	5

그 사람을 보내줘.			
Let	him	go.	5
그걸 끄집어 내.			
Let	it	out.	5
그걸 올려.			
Let	it	up.	5
제가 하게 해 주세요.			
Let	me	do it.	5
곧장 본론으로 가게 해 주세요.			
Let	me	go straight to the point.	5
나한테 이야기 해보세요.			
Let	me	have it.	5
예를 하나 들어 봅시다.			
Let	me	make an example.	5
이렇게 이야기 해봅시다.			
Let	me	put it this way.	5
글쎄요.			
Let	me	see.	5
두고 보자.			
Let	me	take a look at it.	5
그녀에 대해 이야기하게 해 주세요.			
Let	me	talk you something about.	5
생각 좀 해보자구요			
Let	me	think about it.	5

한국어				
저랑 함께 집까지 걸어가시지요.				
	Let	me	walk home with you.	5
공기를 빼세요				
	Let	the air	out.	5
가서 파티를 합시다.				
	Let's	go have a party.		5
점심 먹으러 갑시다.				
	Let's	go have a lunch.		5
Jane이 이사 가는 걸 도우러 갑시다.				
	Let's	go help Jane move out.		5
너희들 도와주어야 해.				
You	**have**	to pitch in.		3
우리가 떠들면 안돼요				
We	**have**	to be quiet.		3
너 조심해야 돼.				
You	**have**	to be more careful.		3
아빠는 꼭 병원에 가야 해요.				
My father	**has**	to go to see a doctor.		3
당신뿐만 아니라 빌딩 안에 있는 모든 사람들이 잠시 피해야 됩니다.				
Not only you, everybody in the building **has**		to vacate temporary.		3
전혀 모르겠습니다.				
I	**don't have**	the slightest idea.		3
부탁할 것이 하나 있는데요.				
I	**have**	a favor to ask you.		3
전 여자친구가 있어요.				
I	**have**	a girlfriend.		3

오늘 아침 일찍 회의가 있어요.

| I | *have* | a meeting early tomorrow morning. | 3 |

그 여자는 얼굴이 예뻐요.

| She | *has* | a pretty face. | 3 |

문제가 좀 있습니다.

| I | *have* | a problem. | 3 |

당신은 얼굴이 부었군요.

| You | *have* | a puffy face. | 3 |

질문이 하나 있습니다.

| I | *have* | a question. | 3 |

저한테 열이 좀 있어요.

| I | *have* | a slight fever. | 3 |

당신은 영어에 재능이 있어요.

| You | *have* | an eye for English. | 3 |

나한테 생각이 있어.

| I | *have* | an idea. | 3 |

배가 아파요.

| I | *have* | an upset stomach. | 3 |

선생님은 영어에 능통하세요.

| My teacher *has* | English at his finger's ends. | 3 |

이 프로젝트에 제가 노력을 다 쏟아 붙는 데는 이유가 있습니다.

| I | *have* | every reason to put all my efforts in this project. | 3 |

자긴 내 꺼야!

| I | *have* | you, baby! | 3 |

우린 낭비할 돈이 없습니다.

| We | *don't have* | money to burn. | 3 |

우린 공통점이 많아요.

| We | *have* | a lot in common. | 3 |

우린 그의 계획에 불만이 있어요.

| We | *have* | a problem with his plans. | 3 |

재미있게 보내세요!

| | *Have* | a fun! | 3 |

즐거운 시간 되세요!

| | *Have* | a good time! | 3 |
| | (Have a nice time) | | |

즐거운 주말 되세요!

| | *Have* | a nice weekend! | 3 |

여기 앉으세요!

| | *Have* | a seat here! | 3 |

거기에는 사람들이 많습니다.

| They | *have* | a lot of people. | 3 |

그 사람들은 할 일이 많습니다.

| They | *have* | a lot of to do. | 3 |

저 사람들한테 계약이 깨진 데는 충분한 이유가 있어요.

| They | *have* | every reason to break the contract. | 3 |

회의 소집을 하지 않아도 됩니다.

| You | *don't have* | to call the meeting. | 3 |
| (You don't have to hang the laundry) | | | |

프리젠테이션 방을 준비하지 않아도 됩니다.

| You | *don't have* | to set up the presentation room. | 3 |

이 프로젝트에 너의 모든 돈을 투자하는 위험 부담을 가질 필요 없어

| You | *don't have* | to take a risk of investing all your money in this project. | 3 |

너 새 차 샀구나.

| You | *have* | a brand new car. | 3 |

패션 감각이 있으시네요.
| You | **have** | an eye for fashion. | |

끝까지 내 말을 들어보세요.
| You | **have** | to hear me out. | 3 |

너 아직도 그 사람 좋아하는구나.
| You still **have** | feeling for him. | 3 |

그 사람은 돈이 많아.
| He | **has** | a deep pocket. | 3 |

그는 결백합니다.
| He | **has** | clean hands. | 3 |

갠 아직 풋내기야.
| He | **has** | milk on his chin. | 3 |

당신은 즉시 담배를 끊어야 합니다.
| You | **have** | to quit smoking immediately. | 3 |

배가 아파요.
| I | **have** | a stomachache. | 3 |

전 이가 아파요.
| I | **have** | a toothache. | |

대부분 사람들이 박사학위 소지자들이에요.
| Most of them **have** | a doctor's degree. | 3 |

엄마가 허리를 아파하세요.
| My mom **has** | a backache. | 3 |

할아버지는 귀가 아프세요.
| Grandfather **has** | a earache. | 3 |

난 아직도 감기 상태에요.
| I still **have** | a cold. | 3 |

누나는 마음이 아파요.
| My sister **has** | a heartache. | 3 |

내 여자친구는 몸매가 좋아요.			
My girlfriend	**has**	a nice body.	3
난 피부가 좋아요.			
I	*have*	a beautiful skin.	3
우리 엄마는 주름이 없어요.			
My mom	**has**	no wrinkles.	3
난 엄마를 지금 도와야 돼.			
I	*have*	to help my mom.	3
나 영어 복습해야 해요.			
I	*have*	to brush up on my English.	3
내가 너한테 화내는 데는 그만한 이유가 있다구.			
I	*have*	every reason to get angry with you.	3
웃음 밖에 안 나오네.			
I	*have*	no choice but to laugh.	3
I	*have*	nothing to do but laugh.	3
돈이 만원 밖에 없어.			
I	*have*	no less than 10,000 won.	3
손해 볼 게 없는데. (잃을 게 없어)			
I	*have*	nothing to lose.	3
장을 좀 봐야 할 거 같아.			
I	*have*	some grocery shopping to do.	3
페인트 칠을 좀 해야 되는데.			
I	*have*	some painting to do.	3
읽을 게 좀 있어요.			
I	*have*	some reading to do.	3
묻고 싶은 게 있습니다.			
I	*have*	something to ask you.	3

당신한테 말할 게 있어요.			
I	*have*	something to tell you.	3
여기서 살 것이 좀 있어요.			
I	*have*	things to buy here.	3
그 사람 결혼식에 꼭 가야 해.			
I	*have*	to attend his wedding.	3
기말시험 벼락치기로 해야 할 거 같아.			
I	*have*	to cram for the finals.	3
주차할 자리를 찾아야 합니다.			
I	*have*	to find a parking spot.	3
전 좀 쉬어야 해요.			
I	*have*	to get some rest.	3
전 당신의 대답을 들어야겠습니다.			
I	*have*	to listen to your answer.	3
당신은 선택을 해야 돼요.			
You	*have*	to make a choice.	3
당신은 결단을 내려야 합니다.			
You	*have*	to make a decision.	3
당신은 이 프로젝트에 좀 더 큰 공헌을 해야 합니다.			
You	*have*	to make more of a contribution to this project.	3
마감 시간을 꼭 지키셔야 합니다.			
You	*have*	to make the deadline.	3
오늘 밤에 Jane을 꼭 만나셔야 해요.			
You	*have*	to meet Jane tonight.	3
난 새벽에 일찍 일어나요.			
I	*get up*	with the chickens.	3

여기서 나가주세요!
| | **Get out** of here! | | 1 |

네가 내 성질을 건드렸잖아.
| You | **get on** | my nervous. | 3 |

난 절대 화를 안내요.
| I | **never get** | upset. | 2 |

사장님은 툭하면 신경질이에요.
| Boss | **gets** | irritable easily. | 2 |

엄마는 쉽게 화를 내세요.
| Mom | **gets** | mad easily. | 2 |

난 결코 두려워하지 않아.
| I | **never get** | afraid. | 2 |

난 절대 화를 안내요.
| I | **never get** | nervous. | 2 |

이해가 안 돼요.
| I | **don't get** | it. | 3 |

기회가 생겨요.
| I | **get** | a chance. | 3 |

난 컴퓨터를 구해요.
| I | **get** | a computer. | 3 |

얻어 타야 돼요.
| I | **get** | a ride. | 3 |

아내를 구해요.
| I | **get** | a wife. | 3 |

이해가 돼요. (그림이 그려져요)
| I | **get** | the picture. | 3 |

오해하지 마세요.
| | **Don't get** | me | wrong. | 4 |

내게서 떨어지세요.

Get off	my back.	3

꺼져!

Get out	of face!	3

책을 구해!

Get	your book!	3

저리 비켜!

Get off	me!	3

몸 조심해! (잘 가)

Take	care!	3

잠시 쉬세요!

Take	a break!	3

찬스를 잡으세요!

Take	a chance!	3

잘 가!

Take	it	easy!	5

아스피린 좀 드시지요!

Take	some aspirin!	3

약 좀 먹어봐!

Take	some pills!	3

책 가져 가라!

Take	your book with you!	3

서둘지 마세요.

Take	your time!	3

당신한테 제 마음을 빼앗겼어요.

You	***take***	my heart.	3

네가 내 시간을 빼앗아 가.

You	***take***	my time.	3

한국어	영어	
엄마가 아기를 잘 보세요.	My mom **takes** care of my baby well.	3
많은 용기가 필요해요.	It **takes** a lot of courage.	3
열심히 노력해야 합니다.	It **takes** a lot of hard work.	3
며칠 걸려.	It **takes** days.	3
노력이 필요합니다.	It **takes** efforts.	3
배짱과 용기가 결단력이 요구됩니다.	It **takes** guts and determination.	3
조립하는데 시간이 걸려요.	It **takes** hours to assemble.	3
돈이 필요해요.	It **takes** money.	3
몇 년은 걸리지요.	It **takes** years.	
하나 고르시지요.	**Take** you pick.	5
새 신이 길 들려면 시간이 걸려.	It **takes** time to break in new shoes.	3
난 포기 안 해.	I **don't give up.**	1
줘 버려!	**Give away!**	1
넘겨줘!	**Give over!**	1

그 남잔 절대 포기 안 해.
| He | **never gives up.** | | 1 |

기회를 줄께.
| I | **give** | a chance. | 3 |

월급을 올려 줄께요.
| I | **give** | a raise. | 3 |

당신 가족에게 제 안부 전해주세요.
| Please | **give** | my regards to your family. | 3 |

거짓말 하지마!
| | **Give** | me | a break! | 4 |

나 좀 태워 주세요!
| | **Give** | me | a ride! | 4 |

돈 좀 줘봐!
| | **Give** | me | the money! | 4 |

날 좀 놔줘!
| | **Set** | me | free! | 5 |

옷을 입으세요
| | **Put on** | my clothes! | 3 |

전 안경을 써요!
| I | **put on** | my glasses! | 3 |

화장을 해 주세요.
| | **Put on** | my make up! | 3 |

반지를 끼세요!
| | **Put on** | my ring! | 3 |

시계를 차세요!
| | **Put on** | my watch! | 3 |

그걸 저 안에 넣으세요!
| | **Put** | it | in there! | 5 |

영어로 번역을 해 주세요!

| | *Put* | Korean into English! | 3 |

내려 놓으세요!

| | *Put* | this | down there! | 5 |

성심 성의껏 하세요!

| | *Put* | your heart | into it! | 5 |

돈을 투자하세요!

| | *Put* | your money | into it! | 3 |

시간을 투자하세요!

| | *Put* | your time | into it! | 3 |

치워!

| | *Put* | it | away! | 5 |

끄세요!

| | *Put* | it | out! | 5 |

밖에다 내놔!

| | *Put* | it | out there! | 5 |

저기에 올려 놓으시지요!

| | *Put* | it | up there! | 5 |

꿈 깨!

| | *Keep on* | dreaming! | 3 |

자꾸 잊어버려요.

| I | *keep on* | forgetting. | 3 |

계속 쉬지 말고 뛰세요.

| | *Keep on* | running! | 3 |

계속 열심히 영어공부를 하세요!

| | *Keep on* | studying English! | 3 |

들어오지 마세요!

| | *Keep out!* | | 1 |

계속 연락하고 지내자!			
	Keep in	touch!	3
전 항상 약속을 지킵니다.			
I	always **keep**	my word.	3
너한테 속이는 건 없어.			
I	**keep**	nothing from you.	3
이 걸 보관해 주세요!			
	Keep	it for me!	3
명심하세요!			
	Keep in mind!		1
계속 안에다 두세요!			
	Keep	it in!	5
계속 밖에다 두세요!			
	Keep	it out!	5
잔돈은 가지세요!			
	Keep	the change!	3
가능한 한 부드러운 소리를 유지하세요!			
	Keep	your voice as soft as possible!	3
넌 약속을 도무지 지키지 않는구나.			
You	**never keep**	your promises.	3
계속 아래에 둬!			
	Keep	it down!	5
가까이 오지 마세요!			
	Keep away!		1
그 남자 솔직한 거 같아요.			
He	**seems**	straight forward.	2
그 남자 선수 같아요.			
He	**seems**	like a player.	2

그건 좋은 생각인 거 같아요.			
That	***seems***	like a good idea.	2
그건 좀 많은 거 같은데요.			
That	***seems***	like a lot.	2
그건 좀 이상한 계획인 거 같아요.			
That	***seems***	like a strange plan.	2
그건 재미있을 거 같네요.			
That	***seems***	like a fun.	2
그건 피카소 그림 같아요.			
That	***seems***	like Piccaso's painting.	2
그렇게 쉬워 보이지 않는데요.			
It	***doesn't seem***	so easy.	2
그다지 어려워 보이진 않는데요.			
It	***doesn't seem***	so hard.	2
너무 비싸 보여요.			
It	***seems***	too expensive.	2

11.1.2 동사가 사용된 현재진행 시제의 문장

주어	동사	보어 or 목적어	목적어 or 목적보어	P
그 사람이 별거 아닌 거 가지고 수선을 떨고 있습니다.				
He **is**	**making**	a big deal	out of it.	3
다들 당신을 쳐다 보고 있어요.				
You'**re**	**making**	a scene here.		3
말이 앞뒤가 안 맞아.				
You'**re**	**not making**	any sense.		3
우리는 함께 저녁식사를 할 겁니다.				
We'**re**	**having**	dinner together.		3
아무 성과가 없습니다.				
We'**re**	**getting**	nowhere.		1
우리는 점점 더 부자가 되어 가고 있어요.				
We'**re**	**getting**	richer and richer.		2
당신은 매일 점점 더 아름다워지고 있습니다.				
You'**re**	**getting**	more beautiful every day.		2
당신은 매일 점점 더 잘생겨지고 있어요.				
You'**re**	**getting**	more handsome every day.		2
당신은 지금 주제를 벗어나고 있습니다.				
You'**re**	**getting off**	the subject.		3
넌 매일 점점 더 똑똑해지고 있구나.				
You'**re**	**getting**	smarter every day.		2
당신은 매일 점점 더 강해지고 있는 거에요.				
You'**re**	**getting**	stronger every day.		2

주어	동사	보어 or 목적어	목적어 or 목적보어	P
너는 매일 점점 더 키가 커지고 있어.				
You'**re**	***getting***	taller every day.		2
Tom이 점점 더 덩치가 커지고 있어.				
Tom	***is getting***	bigger and bigger.		2
Jane의 목소리가 점점 부드러워지고 있어.				
Jane's voice	***is getting***	softer and softer		2
우리는 같이 산책할 거야.				
We'**re**	***taking***	a walk together.		3
나는 옷을 입고 있는 중이에요				
I'**m**	***putting on***	my clothes.		3

11.1.3 동사가 사용된 과거 및 과거진행 시제의 문장

주어	동사	보어 or 목적어	목적어 or 목적보어	P
그것은 나에게 좋은 인상을 주었다.				
It	***made***	a good impression on me.		3

11.1.4 동사가 사용된 현재완료 및 과거완료 시제의 문장

주어	동사	보어 or 목적어	목적어 or 목적보어	P
그 여자는 멕시코 음식을 만들어 본 적이 없어요.				
She'**s**	***never made***	Mexican food.		3
그 여자는 스페인 음식을 만들어 본 일이 없어요.				
She	***hasn't made***	any Spanish food.		3

비틀즈가 랩송을 만들었더라면.	
What if the Beetles **had made** a rap song.	3
시원 섭섭해요.	
I **have mixed** feeling	3
It'**s** bitter sweet.	2
난 벌써 점심 먹었어.	
I'**ve** already **had** lunch.	3
나는 전에 이탈리아 음식을 먹어 본 일이 없어요.	
I'**ve** **never had** Italian food before.	3
난 이미 네게 내가 가진 모든 것을 줬어.	
I'**ve** already **given** you everything I **have.**	4
e-mail이 모든 고객들에게 전송되었는지 당신이 확인해야 합니다.	
You'**ve got** to make sure this e-mail **is sent** to every single client.	3
바짝 얼었다.	
I'**ve** **got** cold feet.	3
일리가 있어요.	
You'**ve got** a point.	3
당신이 해냈어요.	
You'**ve got** it.	3
너는 그 돈을 받지 말았어야 했어.	
You **shouldn't have taken** the money.	3
난 이미 너한테 돈을 충분히 줬어.	
I'**ve** already **given** you enough money.	3
내가 이미 너한테 그 여자의 전화번호를 알려 주었잖아.	
I'**ve** already **given** you her phone number.	4

주어	동사	보어 or 목적어	목적어 or 목적보어	P
난 벌써 네게 내 마음을 줬어.				
I've	already ***given***	you	my heart.	4
난 벌써 너한테 충고를 해줬어.				
I've	already ***given***	you	some advice.	4

11.1.5 동사가 사용된 미래 및 미래진행 시제의 문장

주어	동사	보어 or 목적어	목적어 or 목적보어	P
그는 크게 될 거에요.				
He'***ll***	***make***	it	big.	5
우리는 내일 큰 파이를 만들 거야.				
We'***ll***	***be making***	a big pie tomorrow.		3
우리는 두고 봐야 합니다.				
We'***ll***	***have***	to wait and see.		3
맥주 주세요.				
I'***ll***	***have***	a beer, please.		3
커피를 한 잔 더 하겠어요.				
I'***ll***	***have***	another cup of coffee.		3
나는 뉴욕 컷을 먹겠어요.				
I'***ll***	***have***	the New York cut.		3
전 특별 요리를 먹겠습니다.				
I'***ll***	***have***	the special.		3
우리는 그를 찾는 방송을 할 것입니다.				
We	***will have***	him	paged.	5
우리는 내일 파티를 할거에요.				
We'***ll***	***be having***	a party tomorrow.		3
당신에겐 그 곳 여행이 재미있을 거에요.				
You	***will have***	a fun trip there.		3

당신은 거기서 좋은 경험을 쌓을 거에요.			
You	**will have**	a good experience there.	3

너는 오늘 오후에 애완용 고양이를 갖게 될 거야.			
You	**will have**	a pet cat this afternoon.	3

당신은 거기서 좋은 시간을 보내게 될 거에요.			
You	**will have**	a wonderful time there.	3

당신한테 학생 두 명이 더 갈 거에요.			
You	**will have**	two more students.	3

그는 곧 일어 날 거에요.			
He	**will get back**	on his feet in no time.	1

내가 할게요.			
I'**ll**	**get**	it.	3

원수를 갚겠어요.				
I'**ll**	**get**	you	back someday.	4

당신에게 환불을 해 드리겠습니다.				
I	**will give**	you	a refund.	4

그 사람에게 한 마디 해 줘야겠어요.				
I'**ll**	**give**	him	a piece of my mind.	4

안마 해 줄게.				
I'**ll**	**give**	you	a massage.	4

당신한테 가능한 많은 요령을 가르쳐 드리겠습니다.				
I'**ll**	**give**	you as many tips as possible.		4

행운을 빌겠어요.				
I'**ll**	**keep**	my fingers	crossed.	5

11.2 동사가 사용된 복문장(2개 이상으로 구성된 문장)

그들이 이것을 절대 마시지 못하게 하세요.	**Make** sure they **don't drink** this.
너는 절대로 가스레인지를 만지면 안돼.	**Make** sure you **don't touch** the stove.
꼭 두 알씩 하루 세 번 드세요.	**Make** sure you **take** two pills three times a day.
네 동생들이 꼭 그들 방에서 공부하게 해라.	**Make** sure your brothers **study** in their room.
일단 한다고 마음을 먹으면 그는 해요.	Once he **makes** up his mind to do something, he **does** it.
가능한 한 빨리 너한테 알려 줄께.	I'll **let** you know as soon as I **can**.
정보가 생기는대로 빨리 알려 드리겠습니다	I'll **let** you know as soon as the information **is** available.
어떻게 하면 그 시합을 이길 수 있는지 내가 알려 줄께.	I'll **let** you know how you **can win** the game.
그 여자가 원하는 게 뭔지 당신한테 알려 드리겠어요.	I'll **let** you know what she **wants**.
그 사람들이 언제 올지 알려 드릴께요.	I'll **let** you know when they'll **com**e.
어느 쪽이 그 남자의 고양이인지 제가 알려 드리겠습니다.	I'll **let** you know which his cat **is**.
당신이 누구를 먼저 만나야 되는지 알려 줄께요.	I'll **let** you know who you **should meet** first.

그는 한 여자와 결혼했고 그들에겐 아기들이 생겼다.	The man **married** a woman and they **had** babies.
그 여잔 날 보자마자 미소를 지었어요.	She **had no** sooner **seen** me than she **began** to smile.
그 여자는 가능한 한 사진을 많이 가져가야 해요.	She **has** to take as many photos as she **can**.
난 미국인 친구들이 좀 있는데, 대부분 여자야.	I **have** a few American friends, and most of them **are** women.
도착하면 전화하세요.	When you **get** there, **call** me.
만일 길을 잃어버리면 우리에게 전화 주세요.	If you **get** lost, just **give** us a call.
수출이 늘어야만 경제가 나아질 수 있습니다.	The economy will **get** better only when exports **increase**.
비싸면 비싼 대로 좋다. 싼 게 비지떡이에요.	You **got** what you **pay** for.
그가 찬성하리라는 것은 자명한 일로 알고 있었어요.	I **took** it for granted that he **would agree** with me.
지난 번에 내가 말했던 거 없었던 걸로 하는 게 좋겠습니다.	I'**d** better **take** back what I **told** you the other day.
옷을 벗고 샤넬 No.5를 입으세요.	**Take off** your clothes and **put** Chanel No. 5 **on**.
Tom이 Jane을 좋아하는 것 같아요.	It **seems** like Tom **loves** Jane.
그 여자가 어제 밤에 집에 늦게 돌아온 것 같아dy.	It **seems** like she **came** home late last night.

그들이 우리를 속인 것 같아dy.	It *seems* like they *deceived* us.
우리한테 아직도 Tom이 필요한 가봐.	It *seems* like we still *need* Tom.
당신이 이해를 못 한 것 같아요.	It *seems* like you *didn't understand*.
네 것만큼 좋아 보이지는 않아.	It *seems* that it*'s* not as good as yours.
그 여자가 코 수술을 한 것 같아.	It *seems* that she *had* a nose job.
가게가 곧 문을 닫을 모양인데.	It *seems* that the store *will close* soon.
그 두 사람은 서로에게 너무 잘 어울리는 것 같아요.	It *seems* that they *are* perfect for each other.
우리가 돈을 다 쓴 것 같아.	It *seems* that we *spent* all our money.

11.3 조동사가 사용된 문장

뭐가 뭔지 분간이 안 가요.	I *can't make* heads or tails of it.
저를 딴 사람과 혼동하시는 것 같습니다.	You *must have* me *mixed* up with someone else.
제가 실수 했나 봐요.	You *must have made* a mistake.
그럼요, 제가 준비해 드릴 수 있습니다.	Sure, I *can have* that arranged.
우리는 의지할 수 있는 약간의 저축이 있어야 합니다.	We *must have* some savings to fall back on.

우리가 주말마다 파티를 하는 것이 좋겠어요.	We **should have** a party every weekend.
감독자 회의를 하기 전에 사전 미팅을 갖는 게 좋겠습니다.	We'd better **have** prep-meeting before the board of directors meeting.
나는 친구들과 이번 주말에 모여서 밥을 같이 먹으면서 놀 거야.	My friends and I **will have** a get-together this weekend.
내가 결혼을 할 수만 있으면.	If only I **could get** married.
네가 그 여자에게 꽃을 가져다 줄 수 있을 거야.	Perhaps you **could get** her some flowers.
저라면 지하철을 타겠어요.	I **would take** the subway.
오늘 밤에 가져다 줘야 해요.	I **must take** this back tonight.
우리가 주말마다 낮잠을 자는 것이 좋겠어요.	We **should take** a nap every weekend.
우리가 쓰레기를 지금 내다 놓아야 해요.	We'd better **take** out the trash now.
네가 우리를 경기장으로 데려가도 돼.	Maybe you **could take** us to the stadium.
네가 그들을 공원에 데려가는 것도 괜찮을 거야.	Perhaps you **could take** them to the park.
당신은 나를 도와줄 수 있어요.	You **can give** me a hand.
너는 내게 백 달러를 줘도 돼.	You **can give** me a hundred dollars.
당신이 환불 해도 됩니다	You **can give** me a refund.
당신은 제게 조언을 좀 해줄 수 있어요.	You **can give** me some advice.
너는 그 펜을 나에게 줘도 돼.	You **can give** me that pen.
네가 그녀에게 전화를 하는 것이 좋겠다.	You **should give** her a call.

당신이 그녀에게 기회를 주는 게 좋겠어요.	You **should give** her a chance.
그럼요, 제가 상 차리면 되죠.	Sure, I **can set** the table.
난 거기에 돈을 걸지 않을 거야.	I **wouldn't put** money **on** that.
너 지금 친구들과 놀아도 돼.	You **can hang out** with your friends now.

11.4 동사가 사용된 의문문 문장

호텔방 예약했어요?	**Did** you **make** a reservation for the hotel room?
너 어제 밤에 뭘 만들고 있었니?	What **were** you **making** last night?
당신이 해 낼 수 있겠어요?	**Will** you **be** able to make it?
뭐가 그렇게 즐겁습니까?	What **makes** you so cheerful?
뭐가 그렇게 자신을 갖게 하나요?	What **makes** you so positive?
무엇이 그것에 대해서 그런 확신을 들게 하는지요?	What **makes** you so sure about that?
무엇이 그렇게 확신을 주지요?	What **makes** you so sure?
왜 그렇게 생각하세요?	What **makes** you think so?
건물을 나가기 전에 모든 불을 다 껐는지 확실해요?	**Could** you **make** sure all the lights **are turned off** before leaving the building?
점심으로 어떤 음식을 만들까요?	What **shall** I **make** for lunch?
이 인형들을 어떻게 만들었어요?	How **did** you **make** these dolls?
이 과자들은 어떻게 만들어요?	How **do** you **make** these cookies?

이 목걸이들은 어떻게 만들어요?	How **do** you **make** these necklaces?
무엇을 만드세요?	What **makes** you place an order?
그 여자는 어떤 음식을 만드나요?	What kind of food **does** she **make**?
스파게티 좀 만들어 주시겠어요?	**Would** you **make** me some spaghetti, please?
너 왜 아침을 안 먹니?	Why **didn't** you **have** breakfast?
너는 왜 우리랑 같이 저녁 안 먹었어?	Why **didn't** you **have** dinner with us?
너 성형수술 했지, 그렇지?	You **had** a plastic surgery, **didn't** you?
Tom 아직 점심식사 안 했대?	**Didn't** Tom **have** lunch yet?
너 저녁 언제 먹을래?	When **are** you **having** dinner?
왜 내가 꼭 이집트에 가야 하는 거지?	Why **do** I **have** to go to Egypt?
왜 내가 널 위해 노래를 불러야만 하는 거지?	Why **do** I **have** to sing for you?
내가 왜 Tom을 돌봐야 하지?	Why **do** I **have** to take care of Tom?
유럽에 가 본 적이 있어요?	**Have** you ever **been** to Europe ?
하와이에 가 본 적이 있어요?	**Have** you ever **been** to Hawaii?
갈아타야 하나요?	**Do** I **have** to transfer?
제가 왜 정오까지 여기에 꼭 와야 해요?	Why **do** I **have** to be here by noon?
누구 질문 있는 사람?	**Is** there anyone who **has** questions?
Tom은 어디서 저녁 먹을 거래?	Where **is** Tom **having** dinner?

제가 한 잔 더 마셔도 될까요?	**Can** I **have** another glass?
제가 한 접시 더 먹어도 될까요?	**Can** I **have** another plate?
샐러드를 좀 더 먹어도 될까요?	**Can** I **have** some more salad?
이 잡지를 가져가도 될까?	**Can** I **have** this magazine?
다들 주목해 주실래요?	**Can** I **have** your attention, please?
성함이 어떻게 되시죠?	**Can** I **have** your name, please?
이것을 다음에 하면 안 될까요?	**Could** I **have** a rain check?
파이 한 조각을 다 먹어도 될까요?	**May** I **have** another piece of pie?
제가 후식으로 뭘 먹을 수 있을까요?	What **can** I **have** for dessert?
내가 왜 네 집을 사줘야 한다는 거지?	Why **do** I **have** to buy your house?
우리 회의를 하는 게 어때요?	Why **don't** we **have** a meeting?
우리 이 차를 시험 운전해보자.	Why **don't** we **have** a test drive?
저한테 메시지 온 거 있어요?	Any messages for me? (* Do you have ~ 또는 Are there ~ 가 앞 부분에 생략된 것임)
감기 걸렸어요?	**Do** you **have** a cold?
목이 아프세요?	**Do** you **have** a sore throat?
너한테 가방 있어?	**Don't** you **have** any bags?
너한테 옷 있어?	**Don't** you **have** any clothes?
너 컴퓨터 게임 좀 있니?	**Don't** you **have** any computer games?
너한테 무슨 아이디어가 있는데?	**Don't** you **have** any ideas?
신발 없어요?	**Don't** you **have** any shoes?

너 투잡족이 아니니? (두 군데에서 일하지 않니?)	**Don't** you **have** two jobs?
그의 집에 가 본 적이 있어요?	**Have** you ever **been** to his house ?
무슨 생각하고 있니?	What **do** you **have** in mind?
샐러드 좀 먹지 그러니?	Why **don't** you **have** some salad?
너 왜 나랑 점심 안 먹으려고 하는데?	Why **shouldn't** you **have** lunch with me?
그 분께 전화 달라고 해 주시겠어요?	**Would** you please **have** him call me back?
Tom한테 애완견이 다섯 마리나 있니?	**Do**es Tom **have** five pet dogs?
형제 자매가 몇 명이세요?	How many brothers and sisters **do** you **have**?
소개팅 해 본 적 있으세요?	**Have** you ever **had** a blind date?
전화 다시 하라고 할까요?	**Shall** I **have** a call you back?
여기 언제 왔니?	When **did** you **get** here?
언제 결혼했어?	When **did** you **get** married?
어떤 일자리를 얻었어?	What kind of job **did** you **get**?
운전면허 땄니?	When **did** you **get** your driver's license?
그거 어디서 샀니?	Where **did** you **get** in?
도대체 그런 멋진 테이블이 어디서 났어요?	Where **did** you **get** that beautiful table?
도대체 그런 생각을 어떻게 하게 된 거죠?	Where **did** you **get** that idea?
그렇게 못생긴 램프를 도대체 어디서 얻어온 거예요?	Where **did** you **get** that ugly lamp?

언제 결혼하니?	When **are** you **getting** married?
너 자전거를 언제 고칠 거야?	When **are** you **getting** your bike fixed?
너 왜 일할 준비를 안 하고 있니?	Why **aren't** you **getting** ready for work?
너 거기에는 어떻게 가지?	How **do** you **get** there?
몇 시에 출근(퇴근)합니까?	What time **do** you **get** to work(get off work)?
오늘 언제 퇴근해요?	When **do** you **get off** today?
Tom이 어떻게 혼자서 거기까지 갔지?	How **did** Tom **get** there by himself?
배포자료 못 받은 분 계세요?	**Is** there anyone who **didn't get** the handout?
너한테 뭐 가져다 줄까?	What **can** I **get** you?
너 보통 어디서 머리 자르니?	Where **do** you **get** a haircut?
나한테 맥주 한잔 더 줄래요?	**Could** you **get** me another beer?
뭔가 갖다 드릴까요?	**Can** I **get** you something?
너 감기 다 나았니?	**Have** you **gotten over** your cold?
저 여자 왜 저래?	What'**s gotten into** her?
제가 문을 열까요?	**Shall** I **get** the door?
허비할 시간이 없어	We **haven't got** all day
이 낡은 책상을 치우면 어떨까요?	What if we **get rid of** this old desk?
우리 그거 작년에 얘기하지 않았어?	**Didn't** we **talk about** it last year?
너 왜 그 돈을 받지 않았어?	Why **didn't** you **take** the money?
너 그것들 봤어?	**Did** you **take** a look at them?

너 샤워했어?	**Did** you **take** a shower?
너 쿠폰을 가져갔어?	**Did** you **take** any coupons?
너 약 먹었어?	**Did** you **take** any medicine?
너 지하철 탔어?	**Did** you **take** the subway?
메모 좀 남겨주시겠어요?	**Will** you **take** my message?
버스로 얼마나 걸리지요?	How long **does** it **take** by bus?
걸어서 얼마나 걸리지요?	How long **does** it **take** on foot?
거기까지 얼마나 걸리지요?	How long **does** it **take** to get there?
메시지를 받아 드릴까요?	**Can** I **take** a message?
이 안에서 어떻게 하면 낮잠을 잘 수 있을까요?	How **can** I **take** a nap in here?
지금 사진 한 장 찍지 않을래?	Why **don't** we **take** a picture now?
왜 제가 낮잠을 자지 않는 것이 좋죠?	Why **shouldn't** I **take** a nap?
고양이를 부탁해.	**Can** you **take care of** my cat?
쓰레기 좀 내다 놔 줄래?	**Can** you **take out** the trash?
당신은 휴가를 주로 어디서 보내세요?	Where **do** you **take** your vacations?
좀 쉬는 것이 어때요?	Why **don't** you **take** a break?
그들이 왜 피아노 레슨을 받으면 안 되죠?	Why **shouldn't** they **take** the piano lessons?
메시지를 남기시겠습니까?	**Shall** I **take** a message?
좀더 이른 버스를 타면 어떨까요?	What if we **take** an earlier bus?
당신의 휴대폰 번호를 좀 알려 주시겠어요?	**Would** you **give** me your cell phone number, please?

이 메모를 Tom에게 전달해 주시겠습니까?	**Could** you please **give** this memo to Tom?
차로 태워 드릴까요?	**Can** I **give** you a ride?
제가 명함을 드려도 될까요?	**Can** I **give** you my business card?
당신한테 뭘 주면 좋을까요?	What **shall** I **give** you?
내가 왜 백 달러를 너한테 줘야 하지?	Why **should** I **give** you a hundred dollars?
저에게 시간을 내주실 수 있으세요?	**Could** you **give** me a hand?
제 사무실까지 좀 태워다 주실 수 있으신가요?	**Could** you **give** me a ride to my office?
저한테 삼십 분만 여유를 주시겠어요?	**Could** you **give** me thirty minutes?
그녀에게 전화해보는 것이 어때요?	Why **not give** her a call?
한번 기회를 주는 것이 어때요?	Why **not give** it a chance?
시도해 보는 것이 어때요?	Why **not give** it a try?
좀더 시간을 들이는 것이 어때요?	Why **not give** yourself more time?
저를 좀 도와주시겠어요?	**Would** you **give** me a hand, please?
집까지 태워다 줄까요?	**Shall** I **give** you a ride home?
우리가 그들을 서로 소개시켜 주는 게 어때?	Why **don't** we **set** them **up**?
나 소개팅 좀 시켜줄래?	**Can** you **set** me **up** with someone?
이거 어디다 놓을 까요?	Where **can** I **put** this?

이거 어디에 내려 놓아야 하는 거죠?	Where **should** I **put** this?
너 왜 Tom하고 놀러 나가지 않았어?	Why **didn't** you **hang out** with Tom?
잠깐 끊지 말고 기다려 주시겠어요?	**Can** you **hang on** for a minute?
너는 John이랑 얼마나 자주 놀러 나가니?	How often **do** you **hang out** with John?
내가 왜 입다물고 조용히 있어야 하지?	Why **should** I **keep** silent?
이 짐 좀 보관해 주실래요?	**Can** you **keep** this baggage for me?
이 짐을 맡길 수 있을까요?	**Can** I **leave** this baggage here?
조용히 좀 해 줄래?	**Can** you **keep** it down?
어떻게 음악이 계속 흐르게 만들어?	How **do** you **keep** the music playing?
내가 왜 입다물고 조용히 있어야 하지?	Why **should** I **keep** silent?
죄송하지만 조용히 있어주시면 안되겠습니까?	**If** you **don't'** mind you **can remain** silent?

Chapter 12.

'기타 사회적인 것'에 대한 표현

Chapter 12 '기타 사회적인 것'에 관한 표현

12.1 동사가 사용된 단문장 표현

work ; **(working, worked, worked)**
[자동사] 직장에 다니다, 작동하다
[타동사] 일을 하게하다, 작동시키다

hire ; **(hiring, hired, hired)**
[자동사] 없음
[타동사] 빌리다, 쓰다, 고용하다

hide ; **(hiding, hid, hidden)**
[자동사] 숨다, 잠복하다
[타동사] 감추다, 가리다

depend ; **(depending, depended, depended)**
[자동사] 의지하다, 의존하다
[타동사] 없음

live ; **(living, lived, lived)**
[자동사] 살다, 거주하다
[타동사] ~한 생활을 하다, 실행하다

die ; **(dying, died, died)**
[자동사] 사라지다, 죽다
[타동사] ~한 죽음을 하다

promise ; **(promising, promised, promised)**
[자동사] 약속하다
[타동사] 약속하다, 가망이 있다

disappoint ; **(disappointing, disappointed, disappointed)**
[자동사] 실망하다
[타동사] 실망시키다, 어긋나게 하다

value ; **(valuing, valued, valued)**
[자동사] 없음
[타동사] 평가하다, 값을 매다

12.1.1 동사가 사용된 현재시제의 문장

주어	동사	보어 or 목적어	목적어 or 목적보어	P
이 헬스클럽에서 운동하는구나.				
You	**work out**	at this gym.		1
너무 무리하지 마.				
	Don't work	too hard.		1
정말 효과가 있어요.				
It	really **works.**			1
작동이 잘 돼요.				
It	**works**	well.		1
작동이 잘 안돼요.				
It	**doesn't work.**			1
숨어!				
	Hide!			1
나한테 기대!				
	Depend!			1
제가 바로 위층에 살고 있습니다.				
I	**live** right above you.			1

쥐꼬리만한 월급으로 살고 있어요.			
We	*live* on a shoestring.		1

감기 때문에 죽진 않습니다.			
No one	*dies of*	cold.	1

세 살 버릇이 여든 간다.			
Old habits	*die*	hard.	1

너한테 정말 실망이야.			
I	*am* so *disappointed* in you.		3

당신은 절 실망시킨 적이 없군요.			
You	*are never disappointed* me.		3

약속해!			
	Promise!		1

12.1.2 동사가 사용된 현재진행 시제의 문장

주어	동사	보어 or 목적어	목적어 or 목적보어	P
그는 네가 보고 싶어 죽을 지경이래.				
He	*is dying*	to see you.		3

12.1.3 동사가 사용된 과거 및 과거진행 시제의 문장

주어	동사	보어 or 목적어	목적어 or 목적보어	P
그는 삼성에서 다녔어요.				
He	*worked*	at Samsung.		1
그는 삼성에 다니는 중이었어요.				
He	*was dying*	at Samsung.		1

12.1.4 동사가 사용된 현재완료 및 과거완료 시제의 문장

주어	동사	보어 or 목적어	목적어 or 목적보어	P
일을 잘 되게 하려고 엄청 노력해 오고 있어요.				
I**'ve**	**been working**	so hard to make things right.		1
Jane은 미국에서 생활한 적이 한 번도 없어요				
Jane's	**never lived**	in the States.		1

12.1.5 동사가 사용된 미래 및 미래진행 시제의 문장

주어	동사	보어 or 목적어	목적어 or 목적보어	P
그는 미국에서 직장을 다니게 될 거에요.				
He	**will work**	in the U.S.		1
그는 꼭 미국에서 일을 하려고 해요.				
He	**will be working**	in the U.S.		1

12.2 동사가 사용된 복문장(2개 이상으로 구성된 문장)

내가 컴퓨터로 일을 하고 있는 동안에 정전이 한번 있었어요	While I **was working on** the computer, there **was** a power failure.
우리가 설령 야근을 해도 오늘 중에 끝나지 않습니다.	Even if we **work** overtime, we still **won't get** it done today.
아무리 열심히 일을 해도 전혀 인정을 받지 못한다.	No matter how hard I work, it**'s never appreciated**.

네가 Jane 의견에 동의하냐 아니냐에 달렸어	It **depends on** whether you **agree with** Mr. Johnson or not.
우리는 당신이 방문할 때마다 신권을 만드는 아이디어를 제공하겠다고 약속하지요.	We **promise** to offer you fresh money making ideas every time you **visit** us.
우리는 미국 고객의 구매력을 높이 평가하기 때문에 수신자 부담 전화를 제공합니다.	We **value** US customer volume that'**s** why we **provide** toll free customer service number. *'that is'까지 3개의 문장으로 구성

12.3 조동사가 사용된 문장

당신은 더 열심히 일하는 것이 좋겠어요.	You **should work** harder.
내일까지 해결하는 게 좋겠어요.	You'**d** better **work** it out by tomorrow.
경력자를 채용했을 거에요	I **would hire** an experienced person.
우리는 저 벌레들과 함께 살 수 없어요.	We **can't live** with those bugs.

12.4 동사가 사용된 의문문 문장

너 Jane과 함께 일했었어?	**Did** you **work with** Jane?
이거 어떻게 작동 시키는 거야?	How **do** you **work** this?
너 운동을 얼마나 자주 하니?	How often **do** you **work out**?

너 이 헬스클럽에서 운동하지, 그렇지 않어?	You **work out** at this gym, **don't** you?
왜 작동하지 않지?	How come it**'s not working**?
본사에서 일한 적이 있나요?	**Have** you ever **worked** at the headquarters?
어디 사세요?	Where **do** you **live**?

Chapter 13.

'be 동사'를 사용한 표현

Chapter 13 'be 동사'를 사용한 표현

13.1 Be동사가 사용된 단문장 표현

be ; **(being, am(is), was(were), been**
　　　현재분사, 현재형, 과거형, 과거분사형**)**
존재하다

13.1.1 동사가 사용된 현재시제의 문장

주어	동사	보어 or 목적어	목적어 or 목적보어	P
나도 너만큼 생겼어.				
I	*am*	as handsome as you.		2
여기 있습니다.				
Here it	*is.*			2
Here you	*are.*			2
저 다이어트 중인데요.				
I	*am* on diet.			1
나한테 10달러가 부족한데.				
I	*am*	10 dollar's short.		2
당신은 위험 인물입니다.				
You	*are*	a hot potato.		2
목이 쉬었어요.				
I	*am*	a little hoarse.		2
동감입니다.				
I	*am*	all for it.		2
잘 못해요.				
I	*am*	all thumb.		2

저한테 복숭아 알레르기가 있어요.

| I | ***am*** | allergic to peaches. | 2 |

여기에 오게 되어 기쁩니다.

| I | ***am*** | glad to be here. | 2 |

기쁜 소식이군요.

| I | ***am*** | glad to hear that. | 2 |

만나게 되어 기쁩니다.

| I | ***am*** | glad to meet you. | 2 |

그분과 11시 여기서 약속이 있습니다.

| I | ***am*** here for an 11 o'clock appointment with him. | 1 |

달러를 조금 바꾸려고 왔습니다.

| I | ***am*** here to exchange some dollars. | 1 |

제인을 만나러 왔습니다.

| I | ***am*** here to see Jane. | 1 |

전 그 사람을 무서워하지 않아요.

| I | ***am*** | not afraid of him. | 2 |

오늘 밤 분위기 좋은 데서 당신과 저녁을 하고 싶습니다.

| I | ***am*** in the mood for eating out in a nice place with you tonight. | 1 |

지금 갑니다.

| I | ***am off*** now. | 1 |

바늘 방석에 앉아 있어요.

| I | ***am on*** pins and needles. | 1 |

몸매가 엉망이에요.

| I | ***am out*** of shape. | 1 |

확실해요. (난 긍정적이에요)

| I | ***am*** | positive. | 2 |

나 그 여자한테 완전히 빠졌어요.
| I | ***am*** really into her. | 1 |

저 심각해요.
| I | ***am*** | serious. | 2 |

당신한테 아주 질렸어요.
| I | ***am*** | sick and tired of you. | 2 |

전 분위기에 맞추어 한잔해요.
| I | ***am*** | social drinker. | 2 |

어젯밤 일은 미안합니다.
| I | ***am*** | sorry about last night. | 2 |

늦어서 미안.
| I | ***am*** | sorry for being late. | 2 |

안됐군요.
| I | ***am*** | sorry to hear that. | 2 |

사면초가야.
| I | ***am*** | stuck. | 2 |

기가 막혀서 말도 안 나와.
| I | ***am*** | stuck speechless. | 2 |

몸이 벅적지근해 .
| I | ***am*** under the weather. | 1 |

너의 의견에 동의해.
| I | ***am*** with you. | 1 |

그 점에 있어선 너와 의견이 같아.
| I | ***am*** with you on that. | 1 |

나도 그래.
| So | ***am*** I. | 2 |

우린 너 때문에 진짜 행복하지 않아.
| We | ***are not*** | really happy for you. | 2 |

우린 같은 운명이야.

| We | **are** | in the same boat. | 1 |

우리가 다음 차례입니다.

| We | **are** | next. | 1 |

우린 신혼여행 중이에요.

| We | **are on** | our honeymoon. | 1 |

조심하세요!

| | **Be** | careful! | 2 |

현실적으로 행동하세요!

| | **Be** | practical! | 2 |

조용히 하세요!

| | **Be** | quiet! | 2 |

이성적으로 하세요!

| | **Be** | reasonable! | 2 |

그 책 꼭 사야 돼요!

| | **Be** | sure to buy the book! | 2 |

다섯 시까지 꼭 돌아오세요!

| | **Be** | sure to come back by five o'clock! | 2 |

매일 아침 식사는 꼭 드세요!

| | **Be** | sure to eat breakfast every morning! | 2 |

답안지에 이름을 꼭 쓰세요!

| | **Be** | sure to write down your name on your test! | 2 |

바보같이 굴지마!

| | **Don't be** | chicken! | 2 |

내 개랑 노는 건 재미있었어.

| Playing with my dog | **is** | fun. | 2 |

대단한 부모님이시네요.
| Some parents you **are**. | 2 |

서너 병이 남았어.
| There | **are** | a few bottles left. | 2 |

공원에 사람들이 많아요.
| There | **are** | a number of people in the park. | 2 |

저기에 두 사람이 있군요.
| There | **are** | two people over there. | 2 |

그 사람들이 너무 어리다고 사랑을 어떻게 하는지 모르지 않아요.
| They | **are** | not too young to know how to love. | 2 |

대단하군요.
| That | **is** | awesome. | 2 |

당신 정말 대단해요.
| You | **are** | all grand. | 2 |

난 네가 눈에 넣어도 아프지 않을 만큼 자랑스러워.
| You | **are** | an apple of my eyes. | 2 |

쥐 죽은 듯이 조용하네.
| You | **are** | as quiet as mouse. | 2 |

넌 TV만 보는 사람이야.
| You | **are** | coach potato. | 2 |

넌 여기서 정말 도움이 안돼.
| You | **are** | not really helpful here. | 2 |

당신은 나의 생명의 은인입니다.
| You | **are** | life saver. | 2 |

넌 옷 입는 감각이 있어.
| You | **are** | a snappy dresser. | 2 |

무사히 돌아오셨군요.
| You | **are** | back safe and sound. | 2 |

당신이 나이가 많다고 공부를 못하는 건 아닙니다.

| You | *are* | never too old to study. | 2 |

당신은 아주 신사이시군요.

| You | *are* | quite a gentleman. | 2 |

내겐 너무나 예쁜 당신.

| You | *are* | too beautiful to be true. | 2 |

어려울 때 친구가 정말 친구에요.

| A friend in need *is* | a friend indeed. | 2 |

곰이 토끼보다 훨씬 세답니다.

| Bears | *are* | much stronger than rabbits. | 2 |

넌 여러 면에서 철수보다 강해.

| You | *are* | much stronger than Cheolsoo. | 2 |

경기가 안 좋아요.

| Business *is* | slow. | 2 |

가능성이 적습니다.

| Chances *are* | slim. | 2 |

넌 참 철수보다 신사답구나.

| You | *are* | much more gentle than Cheolsoo. | 2 |

넌 철수보다 부자구나.

| You | *are* | richer than Cheolsoo. | 2 |

모두 다 그래.

| Everybody *is.* | 1 |

그 사람이랑 저녁 먹으면 따분해.

| Having dinner with him *is* usually boring. | 2 |

그 사람은 항상 썰렁해.

| He | *is* | always cold. | 2 |

그 분은 위대하다고 할 수 없어요.

| He | *is* | anything but a great man. | 2 |

그 분은 이 세상에서 가장 용감합니다.

| He | **is** | as brave as any men in the world. | 2 |

전 지금 아주 녹초에요.

| I | **am** | **down** and **out**. | 2 |

넌 아주 수학에선 최고구나.

| You | **are** | second to none in math. | 2 |

그 여자는 결코 거짓말을 할 학생이 아니야.

| She | **is** | the last student to tell a lie. | 2 |

넌 축구 하기엔 너무 작아.

| You | **are** | too small to play football. | 2 |

건강이 최고에요.

| Health | **is** | the most important thing in life. | 2 |

그 여자 모피코트는 당신 자전거보다 비싸요.

| Her fur coat **is** | more expensive than your bike. | 2 |

그 여자의 엄마는 별로 부지런하지 않아요.

| Her mother **isn't** | very diligent. | 2 |

잔돈 받으세요.

| Here | **is** | your changes. | 2 |

저희 아빠는 가정적이세요.

| My father **is** | family man. | 2 |

그 사람은 다재다능 해.

| He | **is** | a jack-of-all-trades. | 2 |

난 신경이 날카로워.

| I | **am** | a little edgy. | 2 |

과장님은 늘 일정보다 앞서서 해요.

| Manager **is** | always ahead of schedule. | 2 |

넌 항상 계획을 잘 세우는구나.

| You | **are** | always good planer. | 2 |

그 여잔 시간을 잘 지켜요.

| She | **is** | always on time. | 1 |

이봉걸은 정말 커.

| Lee bong Geol **is** | as big as a house. | 2 |

그 사람은 좀 느린 편이에요.

| He | **is** | kind of slow. | 2 |

엄마는 잘 듣는 편이세요.

| Mom | **is** | more of a listener. | 2 |

형은 말이 별로 없어요.

| My brother **is** | not much of talker. | 2 |

아빠는 겨우 오십 대 초반이세요.

| My father **is** | only in his early fifties. | 2 |

그 사람은 비판적인 사람이에요.

| He | **is** | a sort of judgemental. | 2 |

걘 좀 잘난 척을 해.

| She | **is** | a sort of stuck up. | 2 |

철수는 열정적인 사람이에요.

| Cheolsoo **is** | such an eager beaver. | 2 |

너한텐 그만한 사람도 없어.

| He | **is** | the right man for you. | 2 |

Jane은 너무 아파서 회의에 참석하지 못했어.

| Jane | **is** | too sick to make it to the conference. | 2 |

걔는 평소 조용해.

| She | **is** | usually quiet. | 2 |

그 분은 매우 일관성이 있어요.

| He | **is** | very consistent. | 2 |

그 분은 매우 털털해요.

| He *is* | very easy-going. | 2 |

그 분은 매우 계획성이 있어요.

| He *is* | well organized.. | 2 |

걔 차는 아주 고물이야.

| His car *is* | a lemon. | 2 |

그 사람의 실패는 태만 때문이에요.

| His failure *is* | due to negligence. | 2 |

그 여자의 미소는 참 아름다워요.

| Her smile *is* | very beautiful. | 2 |

철수가 민수보다 잘 생겼어.

| Cheolsoo *is* | more handsome than Minsu. | 2 |

제인이 미지보다 더 친근해요.

| Jane *is* | friendlier than Miji. | 2 |

스스로 저녁 요리해 먹는 건 재미있어요.

| Making myself dinner *is* | fun. | 2 |

우리 팀장은 괜찮은 사람이에요.

| My boss *is* | nice. | 2 |

우리 집 고양이가 너무 뚱뚱해서 나무에 올라가지 못하는 게 아니에요.

| My cat *is* | not too fat to climb the tree. | 2 |

전 가망이 없어요.

| My chances *are* | slim. | 2 |

내가 너보다 롱다리야.

| My legs *are* | longer than yours. | 2 |

이웃집 사람들이 별로 친하게 안 해.

| My neighbors *are* | not very friendly. | 2 |

우리 선생님은 매우 사려 깊으세요.
My teacher *is* very thoughtful. | 2

너나 걔나 둘 다 잘못은 아냐.
Neither you nor he *is* wrong. | 2

무소식이 희소식입니다.
No news *is* good news. | 2

그 여잔 매력적이야.
She *is* attractive. | 2

그 사람은 매우 순수해요.
He *is* an innocent man. | 2

너 볼이 완전 부었어.
Your cheek *is* all swollen. | 2

멋있는데!.
That's cool. | 2

좋은 소식이네요
That's good news. | 2

안됐구나.
That's too bad. | 2

나의 나쁜 습관 중 하난 쉴 줄 모른다는 거야.
One of my bad habits *is* my failure to take breaks. | 2

그녀는 스스로 선택해서 신부가 된 거에요.
She *is* a bride of her own choosing. | 2

걔는 예쁘기보다 귀엽지요.
She *is* more pretty than beautiful. | 2

정명훈은 역사상 가장 위대한 지휘자에요.
Jeong Myunghoon *is* as great a conductor as ever lived. | 2

제인은 시인이라기보다 선생님이세요.
Jane *is* not so much a poet as a teacher. | 2

그 여자가 그 중에서 제일 어려요.			
She	*is*	the youngest of them all.	2

넌 그런 영화 보기엔 너무 어려.			
You	*are*	too young to be seeing those kinds of movie.	2

그 분은 타고난 지도자입니다.			
He	*is*	a born leader.	2

그 여잔 좀 신경질적이에요			
She	*is*	a little irritable.	2

난 목이 아파.			
I	*am*	a pain in the neck.	2

너 고집이 세구나.			
You	*are*	bull-headed.	2

난 현실적이야.			
I	*am*	down-to-earth.	2

저는 영국 출신이에요.			
I	*am*	from England.	2

전 수줍음이 많아요.			
I	*am*	just shy.	2

그 여잔 말이 없어요.			
She	*is*	not a good talker.	2

그 여잔 남 얘길 잘 안 해요.			
She	*is*	not a gossiper.	2

그 여잔 파티 싫어해요.			
She	*is*	not a party girl.	2

그 여자 진짜 구두쇠에요.			
She	*is*	so stingy.	2

그 분은 알아주는 사람이에요.			
He	*is*	somebody.	2
제인에게 관심이 쏠리고 있어요.			
Jane	*is*	the center of attention.	2
그 분은 카리스마가 있어.			
He	*is*	very charismatic.	2
여자친구와 같이 시간을 보낸다는 건 참 멋진 일이에요.			
Spending time with my girlfriend *is* always great.			2
영어를 배운다는 거 가끔 힘들어요.			
Studying English *is*		sometimes tough.	2
수영장에서 수영하는 건 신나.			
Swimming at the pool *is* fun.			2
저 셔츠는 좀 야해요.			
That shirt *is*		a little loud.	2
저 상자는 너무 무거워 옮기기가 힘들어요.			
That box *is*		too big to move.	2
큰일 날 뻔 했어.			
That	*is*	a close call.	2
싸게 샀어.			
That	*is*	a good buy.	2
바로 그거야.			
That*'s*		a good point.	2
식은 죽 먹기야.			
That*'s*		a piece of cake.	2
바가지 썼군요.			
That*'s*		a rip off.	2
거의 공짜에요.			
That*'s*		a steal.	2

그게 다에요.
| That's | all. | 2 |

그 건 과소평가입니다.
| That's | an understatement. | 2 |

그 건 딴 얘기야.
| That's | another pair of shoes. | 2 |
| That's | another story. | 2 |

멋진데.
| That's | cool. | 2 |

맞아.
| That's | it. | 2 |

원래 그런 사람이야.
| That's | just like him. | 2 |

그건 돈 낭비에요
| That's | money down the drain. | 2 |

정말 듣고 싶던 말이에요
| That's | music to my ears. | 2 |

그건 저한테 새롭게 들리네요
| That's | news to me. | 2 |

맞아요
| That's | right. | 2 |

사실이야 (그건 그래)
| That's | true. | 2 |

그건 잘못된 거야
| That's | wrong. | 2 |

저한테 일요일이 가장 좋아요
| The best day for me *is* Sunday. | 2 |

그 업무는 당신이 적임자입니다.
| The best man for the job *is* you. | 2 |

감기에는 푹 쉬는 게 가장 좋아요.	
The best medicine for a cold *is* plenty of rest.	2
갈비를 제일 잘하는 곳은 삼원이에요.	
The best place for ribs *is* Samwon.	2
최고가 되는 가장 좋은 방법은 최고로부터 배우는 것입니다.	
The best way to be the best *is* to learn from the best.	2
확률은 반반이야.	
The chances *are* fifty fifty.	2
점심은 제가 내지요.	
The lunch *is* on me.	2
그 음식은 먹을 가치가 없어요.	
The food *is* not worth eating.	2
그 문제는 너무 어려워서 못 풀겠어요.	
The problem *is* too difficult to solve.	2
그 산이 남산보다 두 배는 높아요.	
The mountain *is* twice as high as Mt. Nam.	2
아직 초저녁인데요.	
The night *is* still young.	2
펜의 힘은 칼보다 강해요.	
The pen *is* stronger than the sword.	2
와인 한 잔은 서비스입니다	
A glass of wine *is* on the house.	2
가격이 너무 비싸요.	
The price *is* out of line.	2
아주 적당한 가격이에요.	
The price *is* right.	2

합리적인 가격이네요
| The price **is** | reasonable. | 2 |

그 돌은 단단해서 깨지지 않아요
| The stone **is** | too hard to break. | 2 |

그 사람은 당신한테 너무나 잘 어울려요
| He **is** | a good match for you. | 2 |

위 층에 좋은 식당이 있습니다
| There **are** | good restaurants upstairs. | 2 |

여긴 애완동물 가게가 많네요
| There **are** | lots of pet shops here. | 2 |

할 일이 너무 많아요.
| There **are** | many things to do. | 2 |

호수에 물고기가 많이 없네요
| There **aren't** | a lot of fish in the lake. | 2 |

여긴 좋은 식당이 없어요.
| There **aren't** | any good restaurants here. | 2 |

로맨틱 영화가 없어요.
| There **aren't** | any romantic movies. | 2 |

자원 봉사자가 없어요.
| There **aren't** | any volunteers. | 2 |

또 다른 방법이 있어요
| There **is** | another way. | 2 |

읽을 책이 거의 없어요
| There **is** | little to read. | 2 |

그 사실을 부인할 수 없어요.
| There **is** | no denying the fact. | 2 |

예외 없는 규칙은 없습니다.
| There **is** | no rule but no exceptions. | 2 |

볼거리가 별로 없어요.			
There	*is*	not much to see there.	2

태양 아래 새 것은 없어.			
There	*is*	nothing new under the sun.	2

여기서 가까운 곳에 한 군데 있어요.			
There	*is*	one near here.	2

시간은 충분합니다.			
There	*is*	plenty of time.	2

좀 폭력적이긴 하지만 심각하진 않아요.			
There	*is*	some violence in it, but not too much.	2

지도에 틀린 것이 있네요.			
There	*is*	something wrong with the map.	2

어떤 증거도 없어요			
There	*isn't*	any evidence.	2

희망이 없어요			
There	*isn't*	any hope.	2

소음이 없어요			
There	*isn't*	any noise.	2

흔적이 없어요			
There	*isn't*	any trace.	2

교통량이 전혀 없군요			
There	*isn't*	any traffic.	2

냉동실에 아이스크림이 더 있어			
There	*is*	more ice cream in the freezer.	2

지체할 시간이 없어요.			
There	*is*	no time to lose.	2

무서워할 것이 하나도 없어요.			
There	*is*	nothing to be afraid of.	2

할 일이 없어요			
There	*is*	nothing to do.	2
마실 게 하나도 없어요.			
There	*is*	nothing to drink.	2
먹을 게 하나도 없어요.			
There	*is*	nothing to eat.	2
아무 것도 걱정할 게 없어요.			
There	*is*	nothing to worry about.	2
냉장고에 먹을 게 좀 있어요.			
There	*is*	some food in the refrigerator.	2
제인에겐 뭔가 특별한 것이 있어요.			
There	*is*	something special about Jane.	2
약소하지만 받아주세요.			
This	*is*	a small gift from me.	2
이 건 당신에게 주는 겁니다.			
This	*is*	for you.	2
이 건 오늘 밤 저녁을 위한 겁니다.			
This	*is*	for tonight's dinner.	2
이 건 세상에서 최고의 피자에요.			
This	*is*	the best pizza in the world.	2
저 귀걸이는 너무 비싸서 사기 힘들어요.			
Those earrings *are*		too expensive to buy.	2
너 아버지는 우리 아버지보다 돈 쓰는데 관대하구나.			
Your father *is*		more generous than mine.	2
그 화제는 논의해 볼만해요			
The topic *is*		worth discussing.	2

세상은 그런 거야.

| That | *is* | just the way. | 2 |

놀랄 일도 아냐.

| It | *is* | no surprise. | 2 |

걔한테 물어봐도 소용 없어.

| It | *is* | no use asking him. | 2 |
| It | *is* | of no use to ask him. | 2 |

그건 너한테 너무 어려워.

| It | *is* | too hard for you. | 2 |

30% 세일입니다.

| It | *is* | 30% percent off. | 2 |

물을 많이 마시는 건 좋습니다.

| It | *is* | a good idea to drink a lot of water. | 2 |

매일 선크림을 바르는 게 좋아요.

| It | *is* | a good idea to use sunscreen everyday. | 2 |

붐비는 시간엔 지하철이 좋아.

| It | *is* | a good idea to take the subway at rush hour. | 2 |

아주 잘 팔리는 제품입니다.

| It | *is* | a hot item. | 2 |

농담입니다.

| It | *is* | a joke. | 2 |

죽느냐 사느냐 그 것이 문제입니다.

| It | *is* | a matter of life and death. | 2 |

정말 지겨운 일이네요.

| It | *is* | pain in the neck. | 2 |

나이 들면 다 그래.

| It's | | a sign of your age. | 2 |

저의 작은 성의에요.
| It's | a token of my appreciation. | 2 |

긴급 상황입니다.
| It's | an emergency. | 2 |

먼지가 많군요.
| It's | dusty here. | 2 |

주차할 곳을 찾는 건 쉬워요.
| It's | easy to find a parking spot. | 2 |

팩스로 보내는 것이 더 빨라요.
| It's | faster and easier to send it by fax. | 2 |

축구를 보는 건 재미있어요.
| It's | fun to watch the soccer game. | 2 |

돌아오니까 참 좋네요.
| It's | good to be back. | 2 |

우리랑 함께 있으니 참 좋네요.
| It's | good to have you with us. | 2 |

너를 만나서 참 기뻐.
| It's | good to see you. | 2 |

무슨 뜻인지 모르겠어요.
| It's | Greek to me. | 2 |

별 문제 아냐.
| It's | no problem. | 2 |
No, problem

상관하지마.
| It's | none of your business. | 2 |

그런 방식은 통하지 않아.
| It's | not going to work. | |

오늘 제 정신이 아니에요.
| It's | not myself today. | 2 |

행동하는 게 쉽지 않네요.		
It's	not so easy to do.	2
밤에 그에게 연락을 취하는 건 그리 어려운 일이 아니에요.		
It's	not so hard to get in touch with him in the evening.	2
공원엘 가기에 너무 늦은 건 아니에요.		
It's	not too late to go to the park.	2
입안에서 뱅뱅 도네.		
It's	on the tip of my tongue.	2
의심의 여지가 없습니다.		
It's	out of the question.	2
등기가 더 안전해요.		
It's	safer to send it by registered mail.	2
순전히 운이에요.		
It's	sheer luck.	2
아직 결정이 안 났어요.		
It's	still up in the air.	2
걷기엔 너무 멀어요.		
It's	too far to walk.	2
너무 좋아서 사실이라고 믿어지지 않아요.		
It's	too good to be true.	2
일이 산더미처럼 쌓여있어요.		
It's	up to my ears in work.	2
당신 마음대로 하세요.		
It's	up to you.	2
오늘은 안개가 자욱하네요.		
It's	very foggy today.	2

엎질러진 물이에요.			
It's		water under the bridge.	2
그건 이번 여름에 반드시 봐야 할 영화에요.			
It's		a must-movie this summer.	2
그건 꼭 봐줘야 하는 영화에요.			
It's		a must-see movie.	2
거기는 꼭 가봐야 하는 곳이에요.			
It's		a must-visit place.	2

13.1.2 동사가 사용된 현재진행 시제의 문장

주어	동사	보어 or 목적어	목적어 or 목적보어	P
나 항의를 엄청 받는 중이야.				
I	am being bombarded	very much.		
나 기술자 되려고 하는 중이야.				
I	am being	a engineer.		

13.1.3 동사가 사용된 과거 및 과거진행 시제의 문장

주어	동사	보어 or 목적어	목적어 or 목적보어	P
그녀는 너무 예뻤어.				
She	was	so pretty.		2
그건 별로 쉽지 않았어요.				
That	wasn't	very easy.		2
그건 별로 흥미롭지 않았어요.				
That	wasn't	very interesting.		2

그런 행동은 그리 친절한 것이 아니었어.			
That	*wasn't*	very kind.	2

그건 별로 좋지 않았어요.			
That	*wasn't*	very nice.	2

그건 그리 예의 바르지 못했어요.			
That	*wasn't*	very polite.	2

분위기가 참 괜찮았어요.		
The atmosphere *was*	pretty good	2

그 도둑들은 아주 영리했어요		
The burglars *were*	very clever	2

그 청바지는 매우 멋졌어요.		
The jeans *were*	very fashionable.	2

가격이 인하 되었습니다.		
The price *was*	recently marked down	2

그 강아지들은 별로 배가 고프지 않았어.		
The puppies *weren't*	very hungry.	2

서비스가 참 좋았어요.		
The service *was*	pretty good.	2

스테이크가 제법 괜찮았어요.		
The steak *was*	pretty good	2

방 안엔 긴장감이 가득했지요.			
There	*was*	lots of tension.	2

우리 사이엔 의사 소통이 전혀 없어요.			
There	*was*	no communication.	2

치열한 경쟁이 있었지요.			
There	*was*	tough competition.	2

학교 도서관에 학생 서너 명이 있었어요.			
There	*were*	a few students in the school library.	2

상자 안에 공이 많이 있었어요.

| There | **were** | a lot of balls in the box. | 2 |

화장실에 세 여자가 있었어요.

| There | **were** | three ladies in the restroom. | 2 |

차 안에 남자가 셋이 있었어요.

| There | **were** | three men in the car. | 2 |

소파에 청바지 두 벌이 있었어요.

| There | **were** | two pairs of jeans on the sofa. | 2 |

네가 그 여자에게 그렇게 말한 것은 참 잘한 일이야.

| It | **was** | nice of you to say that to her. | 2 |

당신이 그 남자에게 부딪힌 것은 실례였어요.

| It | **was** | rude of you to bump into him. | 2 |

어제 그 유리창을 깬 사람은 바로 Tom이였어요.

| It | **was** | Tom | 2 |
| that | **broke** | the window yesterday. | 3 |

난 아냐.

| It | **wasn't** | me. | 2 |

그 사람은 신동이었어요.

| He | **was** | a child prodigy. | 2 |

그는 너무 화가 나서 그 책을 그녀에게 던졌어요.

| He | **was** | so angry that he threw the book at her. | 2 |

그는 너무 기분이 좋아서 모두에게 음료수를 샀어요.

| He | **was** | so happy | 2 |
| that he **bought** | everybody | a drink | 4 |

그 사람 완전히 취했어요.

| He | **was wasted**. | | 2 |

13.1.4 동사가 사용된 현재완료 및 과거완료 시제의 문장

주어	동사	보어 or 목적어	목적어 or 목적보어	P
나도 겪어봤어				
I've	been	there.		1
이번만큼 확신을 가졌던 적은 없어.				
I've	never been	so sure.		2
전 아프리카에 가본 적이 없어요.				
I've	never been	to Africa.		1
난 동유럽에 가 본 적이 없어				
I've	never been	to East Europe.		1
당신은 요즘 무척 바쁘시군요.				
You've	been	as busy as a bee lately.		2

13.1.5 동사가 사용된 미래 및 미래진행 시제의 문장

주어	동사	보어 or 목적어	목적어 or 목적보어	P
금방 돌아 올께요				
I'll	be	back in a flash		2
집에 10시까지는 들어올게요				
I'll	be	home by 10:00		1

13.2 동사가 사용된 복문장(2개 이상으로 구성된 문장)

아무리 배가 고파도 천천히 먹어야 합니다.	However hungry you *are*, you *should eat* slowly.
뜻이 있는 곳에 길이 있다	Where there *is* a will, there *is* a way.
내가 어렸을 때는 사정이 달랐어요.	When I *was* a child, things *were* different.
내가 스페인에 있었을 때 일기는 좋았어요	When I *was* in Spain, the weather *was* great.
그들이 휴가로 집을 비웠을 때, 누군가가 집에 침입을 했다	While they *were* away on vacation, someone *broke into* the house.
당신이 외출 했을 때 Tom이 들렸었어요	While you *were out*, Tom *stopped by*.
그가 고등학생 이었을 때 굉장한 운동 선수였대요.	When he *was* in high school, he *was* one heck of an athlete.
엄마는 젊었을 때 California 주에 살았대요.	When my mother *was* young, she *lived* in California.
그녀가 영국에서 학생으로 있는 동안 그녀는 장래의 남편을 만났다	While she *was* a student in England, she *met* her future husband.
네가 머리 모양을 바꾸길 잘 한 것 같아.	It *was* a good idea that you *changed* your hairstyle.
이 일을 하기로 한 것은 잘한 결정이었어요.	It *was* a great idea that you *took* this job.
내가 여기 온 것은 그리 좋은 생각이 아니었어요.	It *was not* a good idea that I *came* here.

우리가 작년에 집 산 것은 그리 좋은 생각이 아니었어.	It **was not** a good idea that we **bought** the house last year.

그가 오고 나서야 나는 출발 할 수 있었어요.	It **was** not
	   until he **came**
	      that I **started**
	(* 3개의 문장으로 구성)

그녀가 그 제안을 받아들인 것은 그다지 좋은 생각이라고 보기 어려워요.	It **wasn't** the greatest idea that she **took** the offer.
우리가 그 사람을 고용했던 것은 그다지 좋은 생각이라고 보기 어려워요.	It **wasn't** the greatest idea that we **hired** him.
우리가 같이 일하면 좋을 것 같은데요.	It **would be** a good idea if we **work** together.
당신의 도움이 없었다면, 그는 실패했을 거에요.	If it **had not been** for your help, he **would have failed**.
당신이 해냈다는 게 난 너무 기뻐요.	I'**m** glad you've made it.
머지않아 그가 우리를 따라잡을 거야.	It **will not b**e long before he **catches up** with us.
나는 그의 성공을 확신해.	I **am** sure that he **will succeed** (*= I am sure of his success)
내 딸이 이곳 생활을 좋아해서 기뻐.	I'**m** glad my daughter **enjoyed** it here.

당신이 행복하다는 걸 알게 되어서 기뻐요.	I'**m** glad to know you'**re** happy.
건강한 모습을 보아서 반갑습니다.	I'**m** glad to see you'**re** all right.
네가 그것을 끝냈다니 기뻐.	I'**m** glad you already **finished** it.
당신이 음식을 맛있게 드셔서 좋습니다.	I'**m** glad you **like** the food.
당신이 나를 믿어주어 기뻐요.	I'**m** glad you **trust** me.
내가 할 수 있을지 모르겠어.	I'**m** not sure if I **can do** this.
귀찮게 해 드려서 죄송해요.	I'**m** sorry that I **bothered** you.
약속을 깨서 미안해요.	I'**m** sorry that I **broke** my promise.
기다리게 해서 죄송합니다	I'**m** sorry to have kept you waiting so long
당신이 지난 번에 못 와서 유감이에요.	I'**m** sorry you **couldn't make** it
당신이 나를 보고 싶지 않았다니 유감이네요.	I'**m** sorry you **didn't want** to see me.
여기 떠날 때 문을 꼭 잠그세요.	**Be** sure to look the door when you **leave** here.
답안지에 네 이름을 꼭 쓰세요.	**Be** sure to write down your name on your tests.

이제 너도 어른이니까, 그런 일을 해서는 안 돼.	Now that you **are** a man, you **must not do** such a thing.
이왕 하는 김에 커피를 더 주실래요?	While you **are** at it, **could** you **refill** my coffee?
그 사람이 너랑 있을 때 잘해 줘야해.	You **must be** nice to him when he **is** with you.
내가 생각한대로군요.	You'**re** just like I **thought** you'**d be**.
우리 아들이 그 집 딸보다 더 똑똑해.	My son **is** smarter than their daughter (* their daughter is smart가 있는 것임)
우리 아들의 수학 선생님은 별로 생각이 깊지 않아.	My son's math teacher **isn't** very thoughtful.
그녀는 인간일 리가 없어. 분명히 천사일거예요.	She **can't be** a human being, she **must be** an angel.
그녀가 1등 상을 받을 확실한 이유가 있어요.	There **is** a definite reason she **deserves** first prize.
폭력적인 장면들이 좀 있긴 하지만 그렇게 심각하진 않아요.	There **is** some violence in it, but not too much (* there is not too much의 약식 표현)
당신이 제 시간에 댈 가능성은 없어요	There'**s** no chance that you'**ll be** able to make it.
당신이 생각을 바꿀 가능성은 없군요.	There'**s** no possibility that you'**ll change** your mind.

이건 내가 읽은 것 중에서 최고의 소설이야.	This *is* the best novel 　　I'*ve* ever *read*.
이건 내가 사용해 본 것 중에서 가장 빠른 컴퓨터야.	This *is* the fastest computer 　　I'*ve* ever *used*.
이건 내가 먹어 본 것 중에서 제일 맛있는 음식이네요.	This *is* the most delicious food 　　I'*ve* ever *had*.
이건 내가 본 것 중에서 가장 낭만적인 광경이에요.	This *is* the most romantic view 　　I'*ve* ever *seen*.
이건 지금까지 본 것 중에서 최악의 TV프로그램이에요.	This *is* the worst TV program 　　I'*ve* ever *watched*.
비록 그가 가난해도, 결코 절대 그렇게 할 사람이 아니에요.	Though he *is* poor, 　　he *is* the last man to do such a thing.
언제 먹느냐 하는 것은 무엇을 먹느냐 하는 것만큼 중요해요.	When you *eat is* as important 　　as what you *eat* (* 'you eat' 문장이 주어(주절)로 사용됨)
이거 누구 돈? 무조건 내 꺼.	Whose money *is* this? 　　It'*s* absolutely mine.
그건 보기보다 더 가벼워요.	It *is* lighter 　　than it *seems*.
건강이 돈보다 더 중요하다는 건 두말할 필요조차 없다.	It *is* needless to say 　　that health *is* above wealth.
그에게 물어도 소용없어요.	It *is* no use asking him. (* = It is of no use to ask him)
그건 실제보다 보기엔 더 작아 보여요.	It *is* smaller 　　than it really *is*.

그것은 무료이지만 뭔가 부대조건이 있을 것이다	It'**s** free, but there **must be** some strings **attached**.
그건 내가 Jane을 좋아하기 때문이야.	It'**s** just that I **like** Jane.
그건 Tom이 제일 강하기 때문이야.	It'**s** just that Tom **is** the strongest of all.
그들이 우리를 도와주고 싶지 않아서 그랬던 거지.	It'**s** just that they **didn't want** to help us.
네가 나의 제일 친한 친구이기 때문이지.	It'**s** just that you'**re** my best friend.
그것은 좋지만 좀 비싼 것 같아.	It's nice, but Ii'**m** afraid it'**s** a little too expensive.
상당히 잘 했는데, 나는 네가 더 잘 할 수 있으리라고 생각해.	It'**s** pretty good, but I **think** you **can do** better.
유리창을 깨뜨려서 미안합니다.	I'**m** sorry that I **broke** the window.
당신한테 아무 도움이 되지 못해서 미안합니다.	I'**m** sorry that there'**s** nothing I **can help** you **with**.
그는 알아서 잘 해내고 있는 게 확실해.	I'**m** sure he **knows** what he **is doing**.

내가 열쇠를 탁자 위에 놓고 온 게 확실해.	I'**m** sure I ***left*** my keys on the table.
Tom은 지금 분명히 낮잠을 자고 있을 거야.	I'**m** sure that Tom ***is taking*** a nap now.
확신하는데, 아무도 그 일을 모를 거야.	I'**m** sure that nobody ***knows about*** it.
우리는 분명히 그 시험을 모두 통과할 거에요.	I'**m** sure that we'***ll*** all ***pass*** the exams.
좋은 협상이라고 난 확신해요.	I'**m** sure that'**s** a good deal.
분명 예기치 않은 문제가 발생할 거에요.	I'**m** sure there ***will be*** some ***unexpected*** problems.

13.3 조동사가 사용된 문장

더 좋을 순 없어.	***Couldn't be*** better
차라리 혼자 있을래요.	I ***would*** rather ***be*** alone.
내가 거기 여섯 시까지 갈 수만 있다면.	If only I ***could be*** there by six o'clock.
다음엔 좀 더 조심하는 것이 좋겠어요.	Maybe you ***should be*** more careful next time.
늦어서는 안 됩니다.	You ***mustn't be*** late.
당신은 최대한 좋은 태도를 보여야 돼요.	You ***should be*** as nice as possible.

당신은 최대한 시간을 정확히 지켜야 해요.	You *should be* as punctual as you can.
너는 네 시까지 집에 오는 것이 좋겠어.	You *should be* home by four o'clock.
주의하는 것이 좋겠어.	You'd better *be* careful.
그는 틀림없이 좋은 선생님일 거에요.	He *must be* a good teacher.
그 남자는 분명히 좋은 사람일 거에요.	He *must be* a nice man.
그 사람은 흥미로운 사람임에 틀림없어요.	He *must be* an interesting person.
그는 제정신이 아니야	He *must be* out of his mind
그 남자는 틀림없이 Jane의 아버지일 거에요.	He *must be* Jane's father.
그 남자는 분명히 아주 용기 있는 사람일 거에요.	He *must be* very brave.
Jane은 지금쯤 이곳에 도착할 거야.	Jane *should be* here by now.
Tom은 지금쯤 재미있게 놀고 있을 거야.	Tom *should be* having fun now. (* be + ~ing 즉 진행형으로 표현됨)
Tom은 좀 아플 거야.	Tom *should be* a little sick.
그 프로그램들은 구경하면 재미있을 거에요.	The shows *should be* fun to watch.
Tom은 잠이 깼을 거에요.	Tom *should be* awake.
그것이 Tom의 생각일 리 없어.	It *can't be* Tom's idea.
그 남자의 휴대폰일 리가 없어.	It *can't be* his cell phone.
그것이 내 지문일 리 없어요.	It *can't be* my fingerprint.

그것이 그렇게 값이 쌀 리가 없어요.	It **can't be** that cheap.
그렇게 쉬울 리가 없어.	It **can't be** that easy.
그렇게 빠를 리가 없어요.	It **can't be** that fast.
그렇게까지 오래 걸릴 수 없어.	It **can't be** that long.
그것이 그렇게 작을 리가 없어.	It **can't be** that small.
그것이 내가 한 말일 리가 없어.	It **can't be** what I **said**.
그것이 네 잘못일 리가 없어.	It **can't be** your fault.
더 나빴을 수도 있어.	It **could be** worse.
이 보다 더 좋을 수 없어요.	It **couldn't b**e better.
그거 좀 역겨울 텐데.	It **should be** a little gross.
그거 위험할 텐데.	It **should be** dangerous.
그건 쉬울 거에요.	It **should b**e easy.
그거 비쌀 거에요.	It **should be** expensive.
나 제정신이 아니었나 봐요.	You **must have been** out of my mind.
너는 틀림없이 아테네에 가봤을 거야.	You **must have been** to Athens
정말 재미있었겠다.	It **must have been** fun!

13.4 동사가 사용된 의문문 문장

너 오늘 아침 왜 늦었니?	How come you **were** late this morning?
너 지난 주에 왜 회사에 없었니?	Why **weren't** you at work last week?
너 어제 왜 밖에 안 나갔었니?	Why **weren't** you out yesterday?

너 지리 과목이 왜 낙제니?	Why **weren't** you successful with geography?
너 요 전날 저녁에 왜 Tom과 같이 안 있었다는 거야?	Why **weren't** you with Tom the other night?
이 책들이 Tom의 것이었습니까?	**Were** these books Tom's?
오늘 아침에 시작회의가 뭐였어요?	What **was** the kick off meeting like this morning?
이 드레스들을 당신의 할머니께서 만드신 거에요?	**Were** these dresses made by your grandmother?
이 사람들이 지난여름에 로마에 있었습니까?	**Were** these people in Rome last summer?
이 신발들이 선반에 있었습니까?	**Were** these shoes on the shelf?
환율이 어떻게 될 거 같아요?	What **will** the exchange rate **be** like?
IT 관련 사업의 미래가 어떻게 될 거 같아요?	What **will** the future of IT-related business **be** like?
이번 주말에 날씨가 맑을 거라고 확신해?	**Are** you sure it will **be** clear sunny this weekend?
우리 다 온 거니?	**Are** we there yet?
괜찮아요?	**Are** you all right?
우리가 왜 여기 박혀 있게 되었지?	Why **are** we stuck in here?
뭐 알레르기 있니?	**Are** you allergic to anything?
지금 바쁘신가요?	**Are** you busy right now?
확신 합니까?	**Are** you certain?
내일 오후에 시간이 있니?	**Are** you free tomorrow afternoon?
사랑에 빠진 거야?	**Are** you in love?

당신 외로우세요?	**Are** you lonely?
너 제 정신이야?	**Are** you out of your mind?
틀림없습니까?	**Are** you positive?
데이트 할 준비 됐어?	**Are** you ready for our date?
시합할 준비 됐어요?	**Are** you ready for the game?
취업 면접 보러 갈 준비 됐니?	**Are** you ready for the job interview?
파티 준비 됐어요?	**Are** you ready for the party?
휴가 갈 준비 됐어요?	**Are** you ready for your vacation?
스파게티 만들 준비 됐어?	**Are** you ready to cook spaghetti?
너 우리랑 춤출 준비 됐어?	**Are** you ready to dance with us?
여행을 떠날 준비 다 했어요?	**Are** you ready to hit the road?
출발 준비 됐어요?	**Are** you ready to leave?
너 노래할 준비 됐어?	**Are** you ready to sing?
시험 준비는 다 됐어?	**Are** you ready to take the test?
아직 준비 됐나요?	**Are** you ready yet?
준비 됐어?	**Are** you ready?
심각해?	**Are** you serious?
Tom이 사무실에 확실히 있어?	**Are** you sure Tom is in his office?
Tom이 해고 당한 거 맞아?	**Are** you sure Tom got fired?
월급 올려 주는 거 확실하죠?	**Are** you sure we will get a raise?
우리 이제 끝난 거 맞아?	**Are** you sure we're through?
확실해?	**Are** you sure?
너 이웃들 착하고 친절하니?	**Are** your neighbors nice kind?
더 건방질 수 있나요?(당신 정말 건방지군요.)	**Could** you **be** more arrogant?

그 이상 더 어리석을 수 있나요?(당신 정말 어리석군요.)	**Could** you **be** more stupid?
어땠어요?	How **was** it?
뭐라구? 미쳤어?	What? **Are** you crazy?
네가 싫어하는 가수가 누구니?	Who **is** your least favorite singer?
도대체 당신은 누구세요?	Who on earth **are** you?
그 사람들이 왜 우리한테 그렇게 화가 난 거지요?	Why **are** they so mad at us?
오늘 왜 그렇게 기분이 좋니?	Why **are** you so happy today?
응, 이제 괜찮아. 넌 어때?	Yes, I'**m** fine now. How about you?
Tom 거기 도착했니?(있니)	**Are** Tom there yet?
마당에 꽃이 있어요?	**Are** there any flowers in the yard?
여기 지원하실 분들 있습니까?	**Are** there any volunteers here?
이 근방에 서점이 있어요?	**Are** there bookstores near here?
거기 볼만한 것이 많아요?	**Are** there many things to see there?
그 수족관에 상어들 있어요?	**Are** there sharks in the aquarium?
그 사람들 친절해?	**Are** they friendly?
장난감으로 가득 찬 박스가 저것들이에요?	**Are** those boxes full of toys?
저 컴퓨터들 전부 새 거에요?	**Are** those computers all new ones?
저 그림들은 한국에서 온 것입니까?	**Are** those paintings from Korea?
저 강아지들 당신 거에요?	**Are** those poppies yours?
저 사람들 좀 작지 않습니까?	**Aren't** they a bit small?
저것들 참 멋지지 않아요?	**Aren't** they awesome?
그것들 아름답지 않아요?	**Aren't** they beautiful?

저것들 색깔이 알록달록하지 않아요?	**Aren't** they colorful?
그게 너무 꼭 끼는 것 아니에요?	**Aren't** they too tight?
얼마나 됐대요?	How far along **is** she?
가족이 몇 명이세요?	How many **are** there in your family?
그 가위 얼마예요?	How much **are** the scissors?
이 선그라스 얼마예요?	How much **are** these sunglasses?
저 바지 얼마예요?	How much **are** those pants?
당신 귀걸이 얼마예요?	How much **are** your earrings?
당신 청바지는 얼마예요?	How much **are** your jeans?
저 DVD 플레이어 얼마예요?	How much **is** that DVD player?
저 도마뱀 얼마예요?	How much **is** that lizard?
이 휴대폰 얼마예요?	How much **is** this cell phone?
이 소파 얼마예요?	How much **is** this couth?
당신 디지털 카메라 얼마예요?	How much **is** your digital camera?
그 여자 지금 어때요?	How**'s** she now?
Jane이 오늘 아침 시간이 된대요?	**Is** Jane free this morning?
그 사람 지금 시간 있어요?	**Is** he free now?
Jane이 오늘 오후 시간이 있대?	**Is** Jane free this afternoon?
그 여자 주말에 시간 있대요?	**Is** she free on the weekend?
그게 다야?	**Is** that it?
그래서 걔가 너한테 오 달러를 준 거야?	**Is** that why he **gave** you five dollars?
그래서 Tom이 화를 낸 거야?	**Is** that why Tom **was** angry?

그래서 그 여자가 나한테 전화를 한 거야?	**Is** that why she **called** me?
그래서 Tom이 안 온 거야?	**Is** that why Tom **didn't come**?
그래서 네가 날보고 웃은 거야?	**Is** that why you **laughed at** me?
근처에 화장실 있나요?	**Is** there a bathroom around here?
이 근처에 버스 정류장이 있습니까?	**Is** there a bus stop around here?
필라델피아에서 서울로 가는 직행편이 있습니까?	**Is** there a direct flight to Seoul from Philadelphia?
부근에 약국이 있나요?	**Is** there a drugstore nearby?
이 근처에 헬스클럽 있어요?	**Is** there a health club around here?
이 근방에 극장이 있어요?	**Is** there a movie theater around here?
이 근처에 약국이 있습니까?	**Is** there a pharmacy around here?
이 근방에 음식점이 있습니까?	**Is** there a restaurant around here?
이 근처에 쇼핑몰이 있어요?	**Is** there a shopping mall around here?
다른 출구가 있습니까?	**Is** there another exit?
세일하는 중이에요?	**Is** this on sale?
한국여행은 이번이 처음이세요?	**Is** this your first trip to Korea?
그건 좀 비싸지 않나요?	**Isn't** that a little expensive?
그건 좀 슬프지 않니?	**Isn't** that a little sad?
그건 좀 너무 크지 않니?	**Isn't** that a little too big?
친구 좋다는 게 뭐야?	What **are** friends for?
그 밖에 뭐가 가능하지요?	What else **is** available?
새로운 거 딴 거가 뭐에요?	What else **is** now?

그 밖에 다른 게 뭐가 있지요?	What else *is* there?
네가 원하는 게 대체 뭐니?	What *is* it that you want?
계좌 번호가 어떻게 되나요?	What *is* you're bank account number?
네가 가장 좋아하는 맛이 뭐니?	What *is* your favorite flavor?
당신이 가장 좋아하는 음식이 뭐에요?	What *is* your favorite kind of food?
당신이 제일 좋아하는 스포츠가 뭐에요?	What *is* your favorite kind of sporting event?
네가 제일 좋아하는 과목은 뭐니?	What *is* your favorite subject?
당신 인생에 있어서 목표하는 바가 뭐에요?	What *is* your goal in life?
네가 제일 싫어하는 반 친구가 누구니?	What *is* your least favorite class mate?
무슨 색을 가장 싫어하세요?	What *is* your least favorite color?
제일 싫어하는 가수는 누구에요?	What *is* your least favorite singer?
네가 제일 싫어하는 선생님은 누구니?	What *is* your least favorite teacher?
네가 제일 싫어하는 것은 뭐야?	What *is* your least favorite thing?
너 다음 수업이 뭐니?	What *is* your next class?
전화 번호가 어떻게 되나요?	What *is* your phone number, please?
당신의 계획은 무엇인가요?	What *is* your plan?
너의 요점이 뭐야?	What *is* your point?
축구할 때 네 포지션은 뭐야?	What *is* your position in football?
하키할 때 포지션이 뭐에요?	What *is* your position in hockey?
문제가 뭔데?	What *is* your problem?

내일 당신의 일정이 어떤가요?	What *is* your schedule like?
신발 사이즈가 몇이니?	What *is* your shoe size?
무슨 일 하세요?	What kind of business *are* you in?
그게 뭐 그렇게 들뜰 정도로 재미있는데?	What's so exciting about that?
뭐가 그렇게 웃겨?	What's so funny?
뭐가 그렇게 중요하지?	What's so important?
뭐가 그렇게 급해?	What's so urgent?
그게 나랑 무슨 상관이야?	What's that to me?
가장 편한 시간이 언제에요?	What's the best time for you?
요즘 주식 시장 어떤가요?	What's the stock market like these days?
오늘 날씨 어때요?	What's the weather like today?
그 남자가 먹는 음식에 무슨 문제가 있는 거야?	What's wrong with his diet?
Tom 왜 그러니?	What's wrong with Tom?
그들의 계획에 무슨 문제가 있나요?	What's wrong with their plans?
네 영어가 왜 그래?	What's wrong with your English?
네 옷에 무슨 문제가 있는 거야?	What's wrong with your outfit?
잘못된 거가 뭐야?	What's wrong?
당신의 주소가 어떻게 되지요	What's your address?
한국의 첫인상이 어떠세요?	What's your first impression of Korea?
당신 이상형은 어떻게 되지요?	What's your idea of the perfect man?
당신의 성함이 뭐지요?	What's your name?
당신의 전화번호는 무엇입니까?	What's your number?

열이 몇 도에요?	What's your temperature?
어느 시간이 가장 편하세요?	When *is* convenient time for you?
출산 예정일이 언제에요?	When *is* her baby due?
Tom이 Jane을 언제 만난대?	When *is* Tom meeting Jane?
당신 다음 데이트가 언제에요?	When *is* your next date?
다음 시합이 언제니?	When *is* your next game?
다음 면접이 언제니?	When *is* your next interview?
다음 회의가 언제에요?	When *is* your next meeting?
다음 여행은 언제입니까?	When *is* your next trip?
어느 쪽이 더 편안하세요?	Which one *is* more comfortable?
어느 것이 더 비싸지요?	Which one *is* more expensive?
어느 쪽에 더 흥미가 가?	Which one *is* more interesting?
어느 쪽이 더 오래된 거야?	Which one *is* older?
책임자가 누굽니까?	Who's in charge?
누구 편인데?	Whose side *are* you on?
바닥이 왜 이렇게 더럽지?	Why *is* the floor so dirty?
왜 도로에 차가 없지?	Why *is* the road so empty?
너 어제 저녁 파티에 왜 안 왔니?	Why *weren't* you at the party last night?
고양이를 밖으로 내 보내도 괜찮겠어요?	*Is* it all right to let the cat out?
Tom한테 말해도 돼요?	*Is* it all right to mention it to Tom?
전화 써도 될까요?	*Is* it all right to use phone?
전화해도 돼요?	*Is* it okay if I *call* you?

불가능하다는 말입니까?	You **mean** it**'s** impossible?
당신이 의미하는 건 그게 사실이라구요?	You **mean** it**'s** true?
네가 가장 싫어하는 반 친구는 누구니?	Who **is** your least favorite class mate?
네 생각은 뭔데?	What**'s** on your mind?
어느 것이 더 좋으세요?	Which one **is** better?
Tom이 오늘 저녁에 시간 여유가 있대요?	**Is** Tom free this evening?
이 스웨터들 할인 판매하는 중이었어요?	**Were** these sweaters on sale?
저기 있는 동상 아름답다, 그렇지 않어?	That statue over there is beautiful, **isn't** it?
이왕 하는 김에 커피를 더 주실라우?	While you **are** at it, **could** you **refill** my coffee?
너 학생이지? 아냐?	You**'re** a student, **aren't** you?
이거 당신의 펜이지요? 아니에요?	This **is** your pen, **isn't** it?
이 노래 참 아름다워요, 그렇지 않으세요?	This song **is** beautiful, **isn't** it?
당신이 무슨 생각을 하든 최고지요?	Whatever you **think** **is** best? (* whatever you think' 문장이 주어로 사용됨)

부록 **1**. 복문장의 7가지 형태

Pattern #1. (Five Pattern형 ; Fp형)
문장의 5형식 안에 중복되어 들어간 복문장(중복된 문장이라고 하여 중문)
1.1   F11 1형식 주어의 자리에 중복된 문장 (주절)
1.2   F2   2형식 주어나 보어의 자리에 중복된 문장
  1.2.1 F21 2형식 주어의 자리에 중복된 문장 (주절)
  1.2.2 F23 2형식 보어의 자리에 중복된 문장 (보어절)
  1.2.3 F213 2형식 주어와 보어의 자리에 동시에 중복된 문장 (주절+보어절)
1.3   F3   3형식 주어나 목적어 자리에 중복된 문장
  1.3.1 F31 3형식 주어의 자리에 중복된 문장 (주절)
  1.3.2 F33 3형식 목적어 자리에 중복된 문장 (목적어)
  1.3.3 F313 3형식 주어와 목적어 자리에 동시에 중복된 문장 (주절+목적절)
1.4   F4 4형식 주어나, 제1목적어, 제2목적어 자리에 중복된 문장
1.4.1 F41 4형식 주어의 자리에 중복된 문장 (주절)
1.4.2 F43 4형식 제1목적어 자리에 중복된 문장 (제1목적절=간접목적절)
  1.4.3 F44 4형식 제2목적어 자리에 중복된 문장 (제2목적절=직접목적절)
  1.4.4 F413 4형식 주어와 제1목적어 자리에 동시에 중복된 문장
          (주절+제1목적절)
  1.4.5 F414 4형식 주어와 제2목적어 자리에 동시에 중복된 문장
          (주절+제2목적절)
  1.4.6 F434 4형식 제1목적어, 제2목적 자리에 동시에 중복된 문장
          (제1목적절+제2목적절)
  1.4.7 F4134 4형식 주어, 제1목적어, 제2목적어 자리에 동시에 중복된 문장
          (주절+제1목적절+제2목적절)
1.5   F5   5형식 주어, 목적어, 목적보어 자리에 중복된 문장
  1.5.1 F51 5형식 주어 자리에 중복된 문장 (주절)
  1.5.2 F53 5형식 목적어 자리에 중복된 문장 (목적절)
  1.5.3 F54 5형식 목적보어 자리에 중복된 문장 (목적보어절)

1.5.4 F513 5형식 주어와 목적어 자리에 동시에 중복된 문장 (주절+목적절)

1.5.5 F514 5형식 주어와 목적보어 자리에 동시에 중복된 문장
(주절+목적보어절)

1.5.6 F534 5형식 목적어, 목적보어 자리에 동시에 중복된 문장
(목적절+목적보어절)

1.5.7 F5134 5형식 주어, 목적어, 목적보어 자리에 동시에 중복된 문장
(주절+목적절+목적보어절)

Pattern #2 (Pr형)
Process형 - 문장이 순서대로 나열된 문장 (모든 접속사 사용 문장)
Pattern #3 (It형)
If-then형 - if, when의 조건문이 앞에 오고 그 결과의 문장이 뒤에 오는 문장
Pattern #4 (Dw형)
Do-While형 결과의 문장이 먼저 오고 뒤에 어떤 상황이나 조건을 설명하는 문장
Pattern #5 (At형)
Attached형 - 어떤 단어를 뒤에서 문장으로 설명하는 문장 (관계대명사의 문장)
Pattern #6 (Vo형)
Verb Object형 - 본동사가 아닌 동사(to부정사, 현재분사, 동명사)의 목적어로 온 문장
Pattern #7 (Po형)
Preposition Object형 - 전치사의 목적어로 온 문장

위의 7가지 복문장 **Pattern**이 혼합되어 3개 이상의 복문장이 올 수 있다. 그러므로 모든 복문장은 위의 기호를 사용하여 코드로 표현이 가능하다.

(*보다 자세한 내용과 예제 문장은 필자의 저서 '복문장 영작의 모든 것' 참조)

부록 2. 동사의 16가지 시제의 예

현재형	I look for her	나는 그녀를 찾습니다.
현재진행	I am looking for her	나는 그녀를 찾고 있는 중입니다(
	*가끔은 이미 확정되고 곧 실현될 미래 즉 이미 마음을 먹은 상태일 때 사용된다.	
과거	I looked for her	나는 그녀를 찾았습니다.
과거진행	I was looking for her	냐는 그녀를 찾고 있는 중이었습니다
현재완료	I have looked for her	나는 그녀를 쭉 찾고 있는 상태입니다
	*완료형은 우리나라 말에 없는 시제로 이해가 어렵다. 어떤 상태가 지속되는 상황에 사용된다. 현재완료는 그러니까 그런 상태가 지금 지속되고 있는 상황이다.	
과거완료	I had looked for her	나는 한때 그녀를 찾은 적이 있었습니다
	*지금은 아니고 과거 한 때 상태가 지속되고 있는 상황이었다.	
미래	I will look for her	나는 그녀를 찾을 것입니다
미래진행	I will be looking for her	나는 그녀를 찾고 있는 중일 것입니다 (꼭 찾을 것입니다)
	*확정된 미래에 사용된다. 그러므로 '꼭 ~할 것이다'의 뜻으로 볼 수 있다.	
현재완료 진행	I have been looking for her	나는 그녀를 엄청 찾아 헤맸습니다 (오로지 찾기만 했다는 과장된 표현)
	*과장된 표현에 주로 사용한다. 현재진행이 계속 지속되고 있는 상황이다. I am looking for her. 문장에서 'am'을 완료형으로 했다. ~ have been ~	
과거완료 진행	I had been looking for her	나는 한때 그녀를 엄청 찾아 헤맸습니다
	*현재완료진행과 마찬가지 개념으로 지금은 아니고 과거 한 때 그런 상황이 지속되고 있었다는 과장된 표현 ~ was looking ~ 문장에서 'was'를 과거완료형으로 했다. ~ had been	

	~	
미래완료	I will have looked for her	나는 한동안 그녀를 찾을 것입니다
	*미래 어느 시점에서 한동안 상태가 지속될 때 사용한다. I will have stayed in NY for 3 years. 뉴욕에서 3년간 있는 상태가 될 거야.	
미래완료 진행	I will have been looking for her	나는 한동안 그녀를 찾는 것만 할 것입니다
	*위 문장의 예제로 보면 '뉴욕에서 3년간 처박혀 있게 될 거야'와 같이 과장된 표현을 할 때 사용한다.	
가정법 과거	I would look for her	나는 그녀를 찾았을 겁니다
	*과거에서 미래를 말할 때 주로 사용된다. ~ should ~ 나는 그녀를 찾아야만 했습니다. ~ could ~ 나는 그녀를 찾을 수 있었습니다. ~ might ~ 나는 그녀를 찾았을 지도 모릅니다. *전부 실제는 그렇게 하지 않았다는 의미이다. 즉 가정해서 말하는 것이다. I would like to drink something.은 실제로는 '뭔가를 마셨으면 좋았을 텐데'의 의미로 과거처럼 보이지만 지금도 현재 그렇다는 의미로 종종 사용된다. 그러면 표현이 훨씬 완곡해진다. 그래서 정중한 표현처럼 되는 것이다.	
가정법 과거완료	I would have looked for her	나는 한동안 그녀를 찾았을 겁니다
가정법 과거진행	I would be looking for her	나는 그녀를 찾고 있는 중이었을 겁니다
가정법과 거 완료진행	I would have been looking for her	나는 한동안 그녀를 엄청 찾아 헤매고 있었을 겁니다
	*완료진행형이므로 지속되고 있는 상태를 과장되어 표현할 때 사용한다.	

● 가정법 먼저 'if'가 아닌 'would, should, could, might'를 먼저 잘 이해하여야 한다.